Premiers pas

avec le modèle **COBIT®5**

Alphonse Carlier

Premiers pas

avec le modèle **COBIT®5**

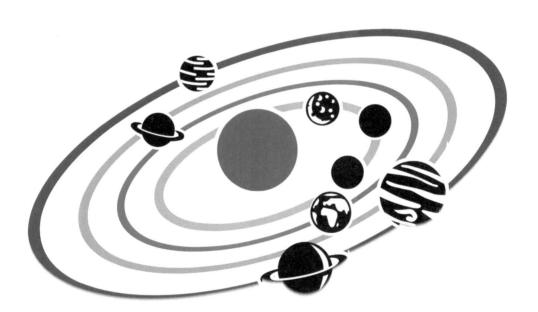

Référentiel international
Gouvernance efficace
Maîtrise des processus

afnor
ÉDITIONS

Certifié sur la gouvernance COBIT® 5, **Alphonse Carlier** est formateur et consultant IT depuis plus de 30 ans. En tant que professionnel, il intervient régulièrement sur des actions de conseil, de chef de projet et de programme sur le développement des systèmes d'information. Ses spécialités couvrent les bases de données, les projets DevOps, agilité avec SCRUM et PSM, l'urbanisation et le déploiement des nouvelles architectures, mais aussi l'ETL *open source* et *salesforce*, ITIL 2011, *lifecycle* des services, ISO 20000, ISO 27001 et bien sûr le *cloud computing* et l'environnement *Big Data Hadoop*. Il intervient aussi sur des synthèses en tant qu'animateur de réunions autour du *Web* et des technologies de la communication, référencement des processus et auditeur interne ISO 9001 dans plusieurs entreprises.

Enfin, il est l'auteur de plusieurs ouvrages publiés chez AFNOR Éditions et chez Hermès-Lavoisier : *Intelligence économique et Knowledge Management, Management de la qualité pour la maîtrise des systèmes d'information, Manuel qualité pour les systèmes d'information, Le pilotage des évolutions des SI, SI élargis, Gestion des connaissances, Business intelligence et management, Management des projets collaboratifs, Premiers pas avec le CMMI.*

Vous voulez nous faire partager
une remarque ou une suggestion ?
Contactez-nous :
fabrication-editions@afnor.org

© AFNOR 2018
Édition : Catherine Dô-Duc
Couverture (création et exécution) : Gilda Masset
Fabrication : Philippe Malbec
Crédit photo : Adobe Stock, 2018
Mise en pages : Axelle Felgine Lallement
ISBN 978-2-12-465672-1

AFNOR - 11, rue Francis de Pressensé, 93571 La Plaine Saint-Denis Cedex
Tél. : + 33 (0) 1 41 62 80 00 – www.afnor.org/editions

Sommaire

Présentation du référentiel COBIT® 5

« La culture n'est pas un luxe, c'est une nécessité. »

Gao Xingjian

Tableau 1 Carte d'identité COBIT® 5

Carte d'identité COBIT® 5		
Angle de vue	Direction générale DSI Auditeurs Contrôleurs de gestion	Le référentiel COBIT® 5 décrit comment appliquer, contrôler et suivre l'ensemble des actions de la gouvernance dans les systèmes d'information de l'entreprise. C'est à la fois un référentiel d'amélioration continue et un moyen pour mesurer le niveau de la performance globale atteint dans l'organisation.
Norme	—	
Auteur	ISACA (*Information Systems Audit and Control Association*)	
Nationalité	Américaine	

Le référentiel COBIT®5 (*Control Objectives for Information and related Technology* ou Objectifs de contrôle de l'information et des technologies associées) est la référence pour une gouvernance efficace et la gestion des technologies de l'information. C'est le guide pour maîtriser les démarches IT (*Information Technology)* des systèmes d'information des entreprises. Il est développé par l'ISACA[1] (*Information Systems Audit and Control Association)*

....

1   Lien : www.isaca.org

et l'ITGI (*IT Governance Institute*). La dernière version COBIT® 5 a été publiée en avril 2012. Elle remplace la version COBIT® 4.1 de 2007.

COBIT® 5 propose un système de mesures du **niveau de maturité** atteint par l'entreprise dans les contrôles des techniques informatiques. On utilise parfois le terme TI (traitement informatique). La Direction de l'entreprise fixe des objectifs aux équipes informatiques puis des contrôles opérationnels comparent les niveaux réalisés par rapport aux niveaux attendus.

COBIT® 5 est un outil de pilotage complet à destination de la DSI. En ce sens, il constitue une aide pour diriger l'organisation et toutes les fonctions de la DSI jusqu'à l'amélioration de la performance. Il permet des audits des systèmes d'information de l'entreprise.

COBIT® 5 est la démarche holistique par excellence pour une approche globale de développement des systèmes d'information. Elle s'applique tout à la fois aux différents domaines concernés dans l'organisation : son fonctionnement, sa culture qui favorise la confiance, la responsabilité, l'autonomie, le goût de l'excellence avec le sens du partage tout en développant les compétences et de nouveaux savoir-faire novateurs.

Bénéfices de la démarche COBIT® 5

La mise en œuvre d'une gouvernance informatique, que l'on nomme *IT Governance* pour gagner en efficacité, est un des moteurs essentiels pour les organisations et toutes les entreprises qui veulent être assurées que leurs projets informatiques ne gaspillent pas les budgets, et donc économisent. Dans un mode de fonctionnement basé sur la gouvernance COBIT® 5, l'entreprise sera en capacité de réaliser des bénéfices et les économies significatives de productivité et/ou d'apporter des avantages compétitifs par rapport aux investissements.

Les 6 bénéfices avec COBIT® 5

COBIT® 5 est un moyen pour conduire et amplifier les démarches de changement sur 3 aspects : sur le plan de l'organisation, sur le plan de la culture et sur le plan technique.

COBIT® 5 ne se veut pas normatif mais préconise que les organisations mettent en œuvre des processus de gouvernance et de management. L'ensemble des bonnes pratiques couvrent les domaines clés qui les concerneront : sécurité, risques, technologies, environnement, etc.

De ces démarches, il résulte **6 bénéfices importants** avec COBIT® 5 :

▶ la prise en compte des **besoins** et des **exigences** des métiers ;

▶ une **organisation** adaptée ;

▶ la prise en compte de l'ensemble des **risques** auxquels l'entreprise peut être confrontée ;

▶ l'intégration des **mutations technologiques** ;

▶ l'adaptation des **moyens** pour créer, accroître et préserver la valeur ajoutée dans l'ensemble de l'entreprise (voir figure 1).

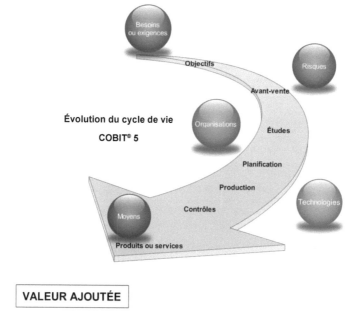

Figure 1 Six bénéfices importants du référentiel COBIT® 5

COBIT® 5 est donc le référentiel pour la gouvernance de l'entreprise et la gestion de l'informatique de l'entreprise. Il est le point de départ commun reconnu par l'ensemble des professionnels impliqués par la gouvernance. Il s'adapte pour trouver un équilibre et évoluer vers une organisation adaptée et efficace. Ce référentiel permet notamment de :

▶ préparer les projets et des programmes ;

▶ suivre et contrôler des activités ;

▶ acquérir une certification externe.

Piloter les SI avec COBIT® 5

Pour le pilotage des SI, avec les systèmes d'information distribués, les activités de pilotage mettent en œuvre un modèle de maturité sur 5 niveaux (voir figure 2). Cela permet d'évaluer l'état d'avancement de l'entreprise. Ces six niveaux sont, par ordre décroissant :

▶ le niveau « leader » (niveau 5) ;

▶ le niveau « prédictif » (niveau 4) ;

▶ le niveau « efficient » (niveau 3) ;

▶ le niveau « géré » (niveau 2) ;

▶ le niveau « réactif » (niveau 1).

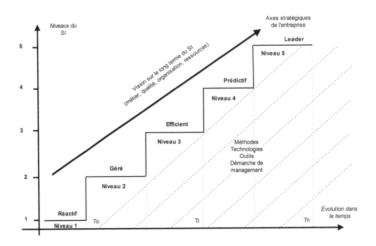

**Figure 2 Évaluation du niveau de performance et de valeur ajoutée
par le référentiel COBIT® 5**

Dans un premier temps, nous allons retracer l'histoire de la gouvernance des TI, en commençant par la technologie de l'information[2] ou plus simplement l'informatique au sens large, son évolution au sein de l'industrie des affaires en coordination avec les nombreuses mutations dans l'IT.

COBIT® 5 se positionne pour accompagner et garantir des niveaux de rentabilité dans les organisations.

---

2   Le terme *Information Technology* (IT) se rapporte soit au potentiel global offert par les technologies de l'information (TI), soit à leurs utilisations dans l'entreprise (systèmes d'information – SI – par exemple). En dehors de tout contexte, IT désigne les techniques informatiques au sens général.

Les entreprises et toutes les organisations privées ou publiques cherchent à améliorer leurs processus de management sur les domaines métiers afin de s'adapter aux évolutions, à la mondialisation, aux changements technologiques, en intégrant plusieurs contraintes (sécurité, clients, métiers...) et avec plusieurs objectifs : produire des services auprès des clients, rationaliser progressivement les *workflows* et garantir que les processus d'entreprise constituent un ensemble homogène géré pour obtenir la valeur ajoutée attendue. On représentera les principaux mots clés de COBIT® 5 au moyen d'un nuage (voir figure 3).

Figure 3 Mots-clés avec COBIT® 5

Positionnement du référentiel COBIT® 5

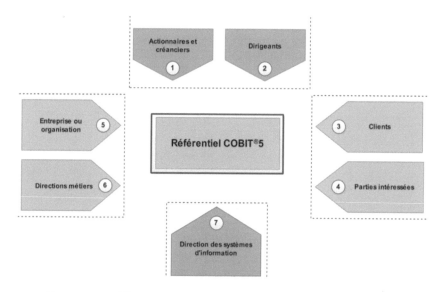

Figure 4 Les 7 éléments inclus dans le périmètre du référentiel COBIT® 5

Le contenu de ce livre se focalise sur **7 points forts** majeurs qui impliquent toutes les parties intéressées et concernées par les enjeux de la gouvernance, les dirigeants, les actionnaires et créanciers, l'entreprise et ses équipes de Direction, les collaborateurs, jusqu'à l'ensemble des clients (voir figure 4).

Portée de COBIT® 5

En effet, le référentiel COBIT® 5 s'applique véritablement à tous les types d'entreprises – qu'elles soient publiques ou privées, dans les domaines de la production, des services, de l'ingénierie, du conseil, et quelle que soit leur taille (groupes internationaux, grandes entreprises, PME ou PMI) –, mais aussi aux associations ou groupements d'intérêts.

Les liens entre les référentiels

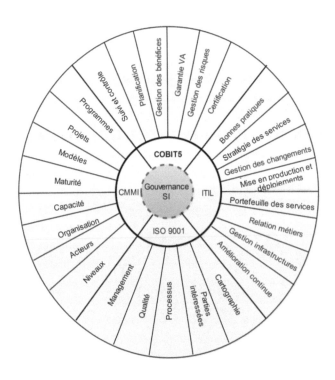

Figure 5 L'approche COBIT® 5 pour la gouvernance

COBIT® 5 s'inscrit dans une démarche globale en complément aux bonnes pratiques (COSO, ITIL, CMMI…) mais aussi aux normes (ISO 9100, ISO 9001, ISO 2700X, ISO 20000, ISO 15504, ISO 31000…) pour couvrir des périmètres supplémentaires. Les 3 éléments du cycle de vie à prendre en compte sont avec COBIT® 5 : le suivi et le contrôle, la planification et la gestion des bénéfices (voir figure 5).

Principaux points forts avec COBIT® 5

Considérons maintenant l'ensemble de points importants du référentiel COBIT® 5 par rapport à l'ensemble des acteurs impliqués dans la gouvernance du SI, à savoir en premier lieu les dirigeants, puis les actionnaires et les créanciers, la Direction de l'entreprise, les Directions métiers, les chercheurs, étudiants et autodidactes, les DSI, et enfin les clients ou les parties prenantes.

Pour les dirigeants

Le référentiel permettra de **comprendre et garantir** une logique de mise en place des projets stratégiques de la Direction qui seront discutés en Conseil d'Administration ou en une instance équivalente avec un niveau adapté aux besoins organisationnels dans l'entreprise ou dans l'organisation. Cela implique de :

▶ communiquer avec l'ensemble des acteurs ;

▶ garantir les valeurs ajoutées aux différents clients en orientant de façon spécifique tous les investissements spécifiques ;

▶ limiter les conflits entre les participants : audits, rôles accrus du Conseil d'Administration, limitation des coûts d'exploitation, orientation des politiques en matière de ressources, des règles d'évaluation pour les rémunérations, définition des futurs investissements, etc.

Pour les actionnaires et les créanciers

Si l'on se place du côté des actionnaires mais aussi des créanciers de l'entreprise, ils sont des parties prenantes auprès des instances dirigeantes. La vision de la gouvernance permettra d'**intégrer** et de **réévaluer** leurs différents rôles auprès des instances de coordination de la stratégie, que ce soit dans la politique de financement ou dans les investissements bancaires selon la théorie positive de l'agence[3] appelée parfois « dilemme de l'agence ». Cette notion économique est importante dans la gouvernance COBIT® 5 étant donné que, dans sa mise en œuvre, elle accompagne les rôles et les attentes

3   Lien : https://fr.wikipedia.org/wiki/Théorie_de_l'agence

des actionnaires et des créanciers pour qu'ils participent aux décisions et à la conduite de l'entreprise, à travers :

▶ la mise en œuvre de niveaux de contrôle (autonomie, limites, responsabilités…) auprès des dirigeants ;

▶ le suivi des ensembles d'indicateurs stratégiques pour en extraire des éléments clés et valider ensuite les ratios économiques ou financiers, environnementaux ;

▶ le fait de disposer, au-delà de l'observation quotidienne, d'informations remontées par des performances d'indicateurs, ceci dans la perspective de qualifier et de valider les éléments remontés. Par exemple, la qualité de l'ensemble des investissements ou d'un investissement par rapport aux objectifs.

C'est un point important et souvent habituellement sous-estimé, malgré l'existence de blocs de contrôles mis en place dans l'entreprise sur plusieurs niveaux organisationnels.

Pour l'entreprise

Pour l'entreprise, il s'agit d'**analyser** de façon synthétique, à la fois directe et simple, les différents concepts du référentiel COBIT® 5, avec pour objectif de répondre à la question de la finalité et des attentes dans la gouvernance de l'entreprise au travers des fonctions des systèmes d'information :

▶ répondre aux questions que les clients, les praticiens des méthodes, les chefs d'entreprise, les équipes du développement se posent de plus en plus en termes de maîtrise des risques de toute nature ;

▶ définir et s'adapter en permanence quels que soient les évènements pour une répartition des valeurs stratégiques ajoutées entre les clients et les partenaires, les actionnaires.

Mais il s'agit aussi de **mettre en évidence** l'ensemble des exigences nécessaires à l'apprentissage, à l'utilisation et au développement du référentiel COBIT® 5 dans les entreprises et les organisations[4]. Sur ce point aussi, la gouvernance commence par apporter progressivement des outils et des méthodes nouvelles pour le fonctionnement des structures, avant de passer ensuite à la mise en œuvre sur des solutions collaboratives.

D'une façon très générale, à moyen ou long terme, le référentiel COBIT® 5 met en œuvre une nouvelle capacité pour **favoriser** l'émergence des pratiques

---

4   Lien : http://gouvsi.blogspot.fr/2014/10/cobit-5-en-francais-un-progres.html

culturelles d'apprentissage. La mise en œuvre de ces apprentissages est développée et adaptée en fonction des situations observées par les utilisateurs ou les managers et les responsables opérationnels.

Les changements opérés doivent couvrir l'ensemble des domaines métiers aussi bien à court terme qu'à long terme. Pour ce faire, il sera nécessaire de vérifier le fonctionnement des systèmes d'information en place, mais aussi la manière dont les changements impactent soit les domaines économiques, les contrats sur les marchés, législatifs, financiers, soit les structures, soit les systèmes, tout en garantissant les évolutions qui sont demandées.

✐ Exemples

> Redéfinir au travers du référentiel l'ADN de l'entreprise, les valeurs collectives, celles qui seront adoptées par l'entreprise ;

> Rendre les collaborateurs davantage acteurs de leurs métiers. Ainsi, on pourra mettre en avant l'exemplarité, les comportements positifs des collaborateurs dans leurs actions, la reconnaissance de leur métiers ;

> Passer d'une culture des pouvoirs à une nouvelle culture des partages, à travers les nouvelles expériences, le partage des connaissances, des compétences acquises, la mobilité…

Le référentiel permet de **montrer** comment, au travers d'une succession logique de chapitres, acquérir cette vision générale et cohérente dans les actions de management.

En utilisant les outils mis à disposition par le référentiel COBIT® 5, l'entreprise ou l'organisation sera à même d'**évaluer** et **auditer** la maturité de la gestion de chaque système d'information.

Pour les Directions métiers

Il s'agit de :

▶ **répondre** aux attentes des clients acheteurs en développant de nouveaux systèmes et des produits spécifiques aux clients pour comprendre les points principaux de la démarche et répondre aux questions posées par les Directions métiers ;

▶ être au cœur des évolutions pour **maîtriser** les changements (de modèle, de positionnement, de moyens financiers et humains, générationnels, voire d'organisation) en termes d'adaptation avec comme buts de :

▼ comprendre et s'approprier les nouveaux enjeux et nouvelles priorités d'évolution des périmètres de l'entreprise,

▼ favoriser la fluidité des informations, dans les deux sens (Directions ou métiers) avec la remontée des points importants à la Direction générale et au Conseil d'Administration.

COBIT® 5 est un guide pour les décideurs mais aussi à destination des acteurs chargés de prendre des décisions sur l'utilisation des technologies pour soutenir les objectifs de l'organisation. Il donne de nouveaux moyens aux responsables métiers de répondre aux besoins de l'ensemble des parties prenantes de l'entreprise pour maximiser la valeur des informations partagées et des techniques.

Pour les chercheurs, étudiants et autodidactes

Pour ce groupe, COBIT® 5 se positionne sur des périmètres relatifs aux actions de veille, à la modélisation, aux simulations pratiques avec les aspects théoriques et sociétaux.

COBIT® 5 permet d'**apporter** des repères qui constitueront les premiers pas des éléments d'orientation dans le but de guider les lecteurs à la recherche d'approfondissements complémentaires.

Les connaissances des mécanismes de la gouvernance et la certification COBIT® 5 sont des compétences recherchées sur le marché de l'emploi. Elles apportent aux collaborateurs et/ou aux équipes des avantages dans la maîtrise des connaissances sur les problèmes précis de la gestion informatique dans les organisations, en se posant des questions : comment réagir pour résoudre les problèmes en cours ? Comment l'entreprise va s'adapter pour gagner en compétence avec COBIT® 5 ? Comment pouvons-nous communiquer avec nos clients et nos partenaires ? Comment apportons-nous de la valeur ajoutée sur leurs activités opérationnelles ?

Pour la DSI (Direction des systèmes d'information)

Le référentiel aidera la DSI à :

▶ **disposer** de nouveaux moyens pour initialiser des actions du management de l'entreprise et coordonner les projets avec la Direction générale, mais aussi les évaluer régulièrement au niveau des SI en termes d'efficacité, de fiabilité, de qualité intrinsèque des produits, de cybersécurité des infrastructures IT (serveurs, réseaux, postes de travail, applicatifs, données, utilisateurs, collaborateurs et employés, consultants, qualiticiens, sous-traitants, partenaires, ingénieurs, techniciens…) ;

▶ **optimiser** les outils numériques, les infrastructures et leurs moyens associés ;

▶ **coordonner** les activités et les processus COBIT® 5 pris en compte par les projets ;

▶ **fédérer** toutes les équipes autour d'éléments majeurs tels que l'éthique, la culture partagée et les comportements qui s'y rapportent, avec la capacité d'intégrer les aspects de la gestion des changements au travers des cycles d'amélioration continue. Nous reviendrons sur ce point lorsque nous verrons la démarche d'amélioration continue avec COBIT® 5 ;

▶ enfin, **développer** la communication managériale en lien avec les structures dirigeantes et la coordination de la Direction des ressources humaines pour renforcer la culture collective d'appartenance.

Pour les clients

Il s'agit d'intervenir auprès des acteurs économiques (les professionnels, les industriels, les secteurs des services et des clients) pour **garantir** un positionnement efficace de l'entreprise et des produits ou services, en profitant d'un ensemble de synergies afin de respecter les contrats et les engagements commerciaux. Pour cela, il faudra :

▶ personnaliser au niveau professionnel les relations clients sur la base des accords mutuels et réciproques ;

▶ suivre de bout en bout tous les aspects de la relation avec les clients. Grâce à la mise en place et au suivi de la chaîne de processus de la cartographie des métiers[5], depuis l'avant-vente, la fabrication, la logistique jusqu'à la livraison puis les garanties contractuelles en évaluant la satisfaction des clients ;

▶ définir des moyens pour satisfaire les exigences au travers du dialogue, des échanges d'informations entre des produits et des services ;

▶ favoriser grâce à sa structure et à son fonctionnement la gouvernance répartie en privilégiant la prise de décision sur la base de critères objectifs.

....

5   Cela implique de s'appuyer sur l'ISO 9001:2015, norme qui décrit les critères du système de management. Lien : www.boutique.afnor.org

Parcours des chapitres

Ce livre est organisé autour de 4 grandes séquences[6] qui vont des fondamentaux avec COBIT® 5 aux aspects spécifiques de mise en œuvre (voir figure 6). Pour commencer, l'introduction présente le positionnement des concepts, les rôles des principaux acteurs – clients, DSI, Direction générale, responsables – avec leurs positionnements.

Première séquence : « Positionnement du référentiel COBIT® 5 »

Le chapitre 1 répond aux questions suivantes : quelle est l'origine de la gouvernance (présentation des concepts de base)? Qu'est-ce que la gouvernance des TI? Que contient COBIT® 5?

Le chapitre 2 met l'accent sur les différents modèles proposés dans l'approche de COBIT® 5. On y trouve les principales définitions et les principes de COBIT® 5.

Le chapitre 3 développe les grands principes de COBIT® 5.

Deuxième séquence : « Les fondamentaux en 5 parties »

Le chapitre 4 aborde les 5 principes fondamentaux du référentiel.

Le chapitre 5 détaille les principes et concepts de COBIT® 5.

Le chapitre 6 prolonge la présentation pour mettre en évidence les 7 facilitateurs, l'introduction aux 5 domaines pour la mise en œuvre de COBIT® 5.

Le chapitre 7 traite de la pratique des fondamentaux et vient compléter la présentation de COBIT® 5, notamment la présentation des 5 domaines et ses 37 processus qui décrivent ce référentiel.

Le chapitre 8 présente la gestion de la sécurité et des risques.

Cette partie s'appuie sur 3 normes : ISO 31000, ISO 27000, 27001 et 27002 et ISO/IEC 15504 et développe l'approche globale des risques et de la sécurité applicative, *corporate*, métiers et les déploiements.

Troisième séquence : « Sécurité et risques : les moyens »

Les chapitres 9 à 13 développent les 5 domaines suivants : EDS (Évaluer, Diriger et Surveiller) ; APO (Aligner, Planifier et Organiser) ; BAI (Bâtir,

---

6   Voir Alphonse Carlier, *Premiers pas avec le CMMI*, AFNOR Éditions, 2017.

Acquérir et Implémenter) ; LSS (Livrer, Servir et Soutenir) ; et enfin SEM (Surveiller, Évaluer et Mesurer).

Quatrième séquence : « Exemple de mise en œuvre »

Cette séquence présente un cas concret de mise en application (chapitre 14). Le cas est généraliste, avec un exemple qui reprend l'ensemble de la démarche COBIT® 5.

Le chapitre 15 expose les conclusions générales de cette présentation.

En fin d'ouvrage, une série d'annexes et un glossaire permettent de préciser les présentations, ce qui permet d'aborder ensuite des lectures complémentaires et apporte des informations utiles sur certains points avec la bibliographie et la liste des sigles utilisés.

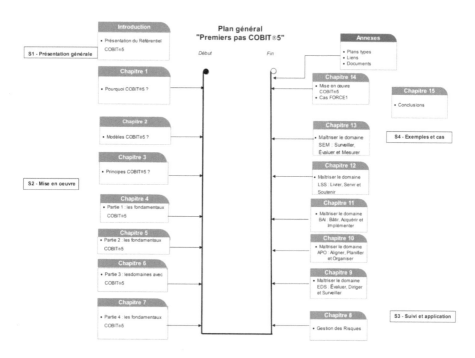

Figure 6 Séquences générales d'enchaînement du livre COBIT® 5

L'entreprise est vue comme un processus global qui doit s'adapter en permanence aux demandes de toutes ses parties prenantes : clients, utilisateurs, collaborateurs, fournisseurs... et repenser ses modes de gestion dans une relation d'agence. On pourra s'appuyer sur le modèle COBIT® 5 pour décider, suivre, contrôler et gérer tous les projets, leurs infrastructures, pour mettre en œuvre un ensemble de bonnes pratiques aussi bien au niveau technique que dans le domaine des activités de gestion et du conseil d'administration.

En résumé

Ce chapitre a mis en évidence les principaux objectifs du modèle COBIT® 5, à savoir :

▶ une démarche **holistique** qui consiste à prendre en compte l'ensemble des acteurs (collaborateurs, services, actionnaires, directeurs, Direction générale, DSI, métiers, administration…) ;

▶ la création de **valeur ajoutée** dans l'ensemble des structures de l'entreprise, de ses groupes et/ou filiales. L'ensemble du périmètre COBIT® 5 comprend la prise en compte des programmes et des projets impactés par la démarche de gouvernance ;

▶ le passage à une **certification** pour les personnes et les entreprises qui constitue une garantie d'application et de maîtrise des pratiques connues ;

▶ la mise en évidence des principaux **points forts de la gouvernance**, afin de répondre aux aspects légaux et aux réglementations, pour intégrer les contraintes en termes d'objectifs, de coûts et de sécurisations, de risques constatés, pour accompagner la maîtrise des environnements en place ;

▶ l'**évaluation** du niveau de performance atteint par l'ensemble des domaines et des processus en matière d'efficacité et d'efficience dans l'entreprise.

1
Pourquoi COBIT® 5 ?

1.1 Gouvernance de l'entreprise

Une gouvernance efficace dans l'entreprise permet de faire face aux changements et de disposer d'éléments pour adapter des structures internes. Prenons par exemple celles qui seront dépendantes des systèmes d'information avec la croissance et le développement des nouvelles architectures IT. C'est le cas du *cloud computing*, de Big Data, de l'urbanisation et des services *Web*, des objets connectés IoT (*Internet of Things*), des tablettes, de l'intelligence artificielle, de la cybersécurité, pour lesquels l'ensemble des développements informatiques sont maintenant engagés dans une croissance exponentielle à deux chiffres. Grâce aux développements d'Internet, de nouveaux outils collaboratifs voient le jour. Ils sont mis en œuvre dans l'ensemble des structures de l'organisation. Ce phénomène impacte tous les secteurs économiques sur le plan international.

ⓘ **Définition**

Le terme « gouvernance » désigne la capacité d'une organisation à être en mesure de contrôler et de réguler son propre fonctionnement. L'un des objectifs étant d'éviter les conflits d'intérêts liés à la séparation entre les ayants droit (actionnaire, Direction d'entreprise, Conseil d'Administration, État) et les acteurs (employés, fournisseurs, clients, banques, environnement, etc.).

Il s'agit, dans notre contexte, de mettre en avant des partenariats entre ces différentes familles et notamment les collaborateurs dans l'entreprise pour atteindre des objectifs communs qui garantissent la viabilité à court et/ou moyen terme de l'entreprise.

On pourra s'appuyer sur le modèle COBIT® 5 pour décider, suivre, contrôler et gérer tous les projets, leurs infrastructures, pour mettre en œuvre un ensemble de bonnes pratiques aussi bien au niveau technique qu'au niveau des activités de gestion.

COBIT® 5 permet de se poser les bonnes questions, entre autres sur :

▶ la prise de décision : comment sont prises les décisions dans l'entreprise ?

▶ les responsabilités : qui prend les décisions et qui en est tenu pour responsable ?

▶ l'évaluation de la décision prise : quels sont les indicateurs d'évaluation de la décision ?

▶ les risques : quels sont les risques inhérents à cette décision ?

Une gouvernance implique et nécessite des approches en fonction de chaque contexte :

▶ Dans le cas d'un avion, pour un commandant de bord la gouvernance consiste à conduire ses passagers à leur destination dans les délais déterminés. Il prépare le vol avec son équipage et s'assure des moyens de décollage. Il devra veiller tout au long du vol à s'assurer de leur sécurité dans les couloirs de vols définis, des classes d'espace aérien, des conditions de voyages. Il devra veiller aux conditions météorologiques, s'adapter aux conditions de communication et d'alertes de la tour de contrôle, respecter les consignes et les réglementations aériennes, les conditions d'approche et d'atterrissage, et enfin veiller au bon déroulement du débarquement des passagers lors des escales.

▶ Dans le cas d'un guide de haute montagne, la gouvernance consistera à garantir aux groupes et aux particuliers de suivre en tant qu'alpiniste chevronné des parcours sécurisés à travers les montagnes, les chemins spécifiques et les sommets. Le guide doit, en tant que professionnel, avec son expérience, décider des moyens adaptés (crampons, piolets, cordes) pour franchir les obstacles. Il doit connaître les risques de la montagne en fonction du relief, des possibilités des participants, des conditions météorologiques sur les 48 prochaines heures.

1.2   En quoi consiste COBIT® 5 ?

La démarche COBIT améliore l'efficacité de l'audit et rationalise l'approche liée aux risques dans les systèmes d'information. La nécessité d'avoir un cadre de référence en matière de sécurité et de contrôle des technologies de l'information a permis à l'ISACA de créer la méthode COBIT en 1976.

Cette évolution de COBIT® 5 permet l'harmonisation de plus d'une centaine de bonnes pratiques en informatique sur différents standards internationaux, au niveau des groupes, des entreprises, des institutions et de l'État. Cette association est reconnue comme la référence en matière de gouvernance, de contrôle, de sécurité et d'audit. Avec plus de 140 000 membres sur 180 pays dans le monde entier, selon la page d'accueil, l'ISACA offre des connaissances, des certifications, et de la formation sur l'assurance et la sécurité des systèmes d'information, sur la gouvernance d'entreprise, sur la gestion des techniques de l'information et des risques et de la conformité qui y sont liés.

COBIT® 5 a été publié en France par la branche française, l'AFAI (Association française de l'audit et du conseil informatiques), qui regroupe plus de 800 membres. L'objectif de COBIT® 5 est d'analyser les relations entre les risques métiers, les besoins de contrôle et les questions techniques en se fondant sur les meilleures pratiques acquises sur le terrain de l'audit informatique et sur celui de la sécurité des systèmes d'information.

COBIT® 5, au travers des processus en place, assure la planification et l'organisation, la mise en place des moyens, la surveillance et l'évaluation, la distribution, le support et les certifications d'entreprise sur des périmètres définis.

La mise en œuvre des pratiques de sécurité couvre de nombreux aspects qui sont décrits dans COBIT® 5, des publications complémentaires incluant trois avancées majeures sur la sécurité de l'information :

▶ COBIT® 5 pour la sécurité de l'information ;

▶ sécurité des équipements mobiles avec COBIT® 5 ;

▶ objectifs de contrôle IT pour le *cloud computing*.

L'AFAI assure la diffusion francophone de COBIT® 5, qui compte **37 processus** généraux (voir annexes) répartis en **5 grands domaines** :

▶ 1. Évaluer, Diriger et Surveiller (EDS) ;

▶ 2. Aligner, Planifier et Organiser (APO) ;

▶ 3. Bâtir, Acquérir et Implanter (BAI) ;

▶ 4. Livrer, Servir et Soutenir (LSS) ;

▶ 5. Surveiller, Évaluer et Mesurer (SEM).

1.3   Principales cibles de gestion

Pour tirer le meilleur parti de COBIT® 5, il faut comprendre quelles sont les cibles concernées selon les métiers des professionnels de l'informatique. L'objectif est de mettre en œuvre une véritable gouvernance et une gestion de l'informatique de l'entreprise. COBIT® 5 est un cadre d'affaires spécifique centré sur une gouvernance efficace capable de contrôler, suivre et auditer la gestion des moyens informatiques. Une des finalités est de fournir une vision des métiers alignée sur les objectifs des systèmes d'information en cohérence avec les orientations définies par la Direction générale de l'entreprise.

COBIT® 5 est un outil de communication important avec la Direction générale, les métiers et toutes les parties prenantes utilisatrices de l'informatique. COBIT® 5 assure au métier que l'IT est gérée de façon efficiente en adressant **5 dimensions majeures** :

▶ 1. l'alignement stratégique des solutions IT sur les objectifs de l'entreprise ;

▶ 2. l'apport de valeur de l'IT aux métiers ;

▶ 3. une gestion optimale de l'utilisation des ressources engagées par l'IT ;

▶ 4. l'intégration de la gestion des risques aux opérations quotidiennes de l'IT ;

▶ 5. la mesure de la performance de l'IT et les actions de suivi de l'amélioration continue.

1.3.1   Clients et parties intéressées

Cette première catégorie regroupe les acteurs situés en dehors de l'entreprise : il s'agit des clients et de toutes les composantes externes qui sont concernées par la gouvernance. C'est ce que l'on désigne comme des parties intéressées internes ou externes. Il y a là des enjeux importants dont l'objectif est de garantir que tous les contrats signés et acceptés, les produits et les commandes, se situent dans le respect des objectifs qui devront être atteignables :

▶ garantir les notions de valeurs ajoutées attendues par les clients et les utilisateurs tout au long du cycle de vie des produits/services (voir figure 1.1) ;

▶ assurer que toutes les exigences des clients et des parties intéressées qui fournissent les services informatiques seront respectées, par exemple : les coûts, les délais, les niveaux de qualité, les livrables.

Figure 1.1 Garantir le partage de la valeur ajoutée dans l'entreprise

1.3.2   Direction générale et d'entreprise

Les concepts de gouvernance sont initialisés et déployés par la Direction générale. Elle définit le cadre de mise en œuvre avec les actionnaires au travers de différents comités de direction dont les résultats seront ensuite mis en application par le ou les directeurs opérationnels de l'entreprise (centre, région, pays, zones...). Il s'agit de :

▶ maîtriser les risques financiers dans leur ensemble ;

▶ mettre en œuvre des engagements de gouvernance, accompagnement des actions de suivi et de contrôle des performances ;

▶ administrer les différentes répartitions des investissements prévisionnels ainsi que des engagements dans l'entreprise et ses filiales.

1.3.3 Direction des systèmes d'information

De même, l'ensemble de la structure DSI est l'acteur majeur pour mettre en œuvre un ensemble de documents : les plans annuels, les suivis qui en résultent et le maintien en condition opérationnelle de toutes les infrastructures au travers des équipes spécialisées. Ces actions consistent dans :

▶ le pilotage des infrastructures informatiques ;

▶ la gestion des projets de l'ensemble sur le périmètre du SI ;

▶ le suivi des coûts et des dépenses des services et des interventions ;

▶ la coordination des risques et des menaces informatiques ;

▶ la coordination des actions liées à la cybersécurité, à des plans de continuité et de disponibilité auprès des métiers ;

▶ la gestion des services produits et la mise en place du centre de services auprès des utilisateurs ;

▶ la fiabilité des services fournis qui appartiennent au catalogue des services.

1.3.4 Métiers

D'ailleurs, la démarche concerne les métiers. La gouvernance a comme résultat de fédérer leurs attentes pour ensuite décider sur la base de consensus au niveau de la Direction générale chaque année. Les objectifs seront :

▶ d'aligner les objectifs du SI aux objectifs métiers et à ceux de l'entreprise ;

▶ d'assurer la continuité des processus et des activités relatives à leurs spécialités ;

▶ de contrôler les actions et les activités sur les périmètres qui ont été définis ;

▶ de garantir les disponibilités des opérations auprès de leurs clients ;

▶ de définir une démarche orientée processus avec des objectifs mesurables et des facteurs clés de succès ;

▶ d'accompagner progressivement les changements opérationnels vers les métiers, les transformations technologiques résultantes et les évolutions culturelles.

1.4   Les principaux référentiels

Plusieurs types de référentiels qualité s'appliquent. Ils impactent tous les domaines des entreprises et les différentes activités (voir tableau 1.1).

Tableau 1.1 Répartition des référentiels qualité en fonction des cibles

Secteurs	Activités	Entités	Référentiels
Tous les domaines internes et étendus à toutes les entreprises	Gouvernance	Entreprise, parties prenantes et responsables	COBIT CGEIT*
		Environnement	ISO 14000
	Informatique	Entreprise	ISO 20000 eSCM
		Processus	CMMI ISO 17799 ISO 27001/27002
		Produit	ISO 25051
		Collaborateurs	ITIL V3 ou 2011 PCIE COBIT

* La certification CGEIT (*Certified in the Governance of Enterprise IT*) est une certification en matière de gouvernance du SI.

1.5   Si la gouvernance n'existait pas ?

On peut se poser une question fondamentale : est-ce que la gouvernance est une nécessité pour l'entreprise ? S'en passer permettrait de réaliser l'économie de structures et de moyens. Dans ce cas, la gouvernance pourrait être soit inexistante, soit insuffisante, soit efficace.

Dans le cas d'une très faible gouvernance ou de l'absence de gouvernance, on courrait le risque, à moyen ou long terme, de mettre sérieusement en danger la pérennité de l'entreprise, et ce quels que soient les types, les domaines ou les tailles d'entreprise, tant mondiales qu'européennes.

D'abord, sur une période de temps, des écarts importants apparaîtraient inévitablement entre les structures dirigeantes et les métiers opérationnels, avec comme conséquence des insatisfactions croissantes : manques de cohérence, scissions dissymétriques, incompréhension sur les financements, les objectifs, les buts et les étapes, soit *top-down* soit *bottom-up*. Ces écarts pourraient conduire à des éclatements, des absences de stratégies englobantes, de multiples décalages entre structures de pilotage *versus* structures plus opérationnelles sur le terrain. Sur le plan financier, le pilotage des investissements, c'est-à-dire, à moyen ou long terme, les décisions et leurs arbitrages, n'existerait plus. De ce fait, des actions de suivi en cohérence avec les prévisions ne seraient pas possibles dans le cas d'une gouvernance inexistante ou insuffisante. Il existerait des risques potentiels importants de crises plus ou moins profondes au sein de l'entreprise à toutes les échelles (collaborateurs, responsables, directeurs, DGA, DSI, Conseil d'Administration), d'où un climat de suspicion et des dysfonctionnements tant internes qu'externes avec les parties intéressées.

1.6 Les principaux acteurs autour de COBIT® 5

Pour comprendre l'entreprise et son fonctionnement, il faut commencer par la description des rôles et des fonctions de chacun des acteurs. Il faut aussi prendre en compte les contributions dans la création des processus sur la base des principes COBIT® 5. Chacun des collaborateurs ou les parties intéressées devront être impliqués en fonction des niveaux de responsabilités concernés. Leurs résultats attendus seront en adéquation avec la démarche pour garantir et préserver la création de valeur ajoutée pour atteindre les niveaux de transformation et d'innovation définis par la Direction de l'entreprise.

Autre élément à prendre en compte par les différents acteurs : les différentes actions de management doivent être synchronisées dans les équipes, les participants et les collaborateurs, du partage d'expérience jusqu'à la mise en place de nouvelles pratiques sur le long terme.

1.6.1 Management de l'entreprise

Les acteurs principaux impliqués dans le pilotage et la gestion des intérêts de l'entreprise ont les responsabilités de veiller aux intérêts pour garantir la pérennité à moyen et long terme dans l'entreprise et auprès des clients. Ces acteurs sont :

▶ les actionnaires ;

▶ la Direction générale ;

▶ les Directions d'entreprise ;

▶ les financeurs externes ;

▶ l'État, soit directement soit par l'intermédiaire des fonds d'investissement spécifiques.

En fonction de leurs intérêts et en mettant en place des contrôles, les acteurs seront capables de définir les objectifs à moyen ou long terme pour faire face aux environnements complexes, qu'ils soient législatifs, environnementaux, financiers, économiques ou sociaux, conduits par des politiques stratégiques des systèmes d'information.

1.6.2   Management du système d'information

Pour les actions de management des parties intéressées, le référentiel COBIT® 5 couvre toutes les infrastructures impliquées dans la gouvernance des SI tout en garantissant un cadre de référence pour s'assurer de deux points importants :

▶ que les SI soient alignés sur les métiers de l'entreprise ;

▶ que la contribution des SI garantisse d'apporter aux métiers les valeurs attendues et de maximiser ses résultats, et ce compte tenu des investissements annuels qui ont été réalisés.

Les principaux acteurs impliqués seront donc :

▶ la Direction des systèmes d'information ;

▶ les responsables des domaines ;

▶ les responsables opérationnels.

1.6.3   Management des métiers

L'entreprise gère des branches métiers nécessaires à ses différentes activités directes ou indirectes (production, livraison, service après-vente, administration, ressources humaines, comptabilité et finances…). Elle met en place un management des métiers dans l'entreprise *via* la gouvernance afin de garantir le respect des niveaux de performance demandés par les métiers sur la base des moyens disponibles par le SI, et aussi pour l'accompagner de plusieurs outils spécifiques avec COBIT® 5. Ces outils constitueront l'ensemble des ressources stratégiques et tactiques utilisées dans les structures de l'entreprise, à savoir :

▶ les Directions opérationnelles ;

▶ les Directions fonctionnelles ;

▶ les Directions utilisateurs ;

▶ les équipes projets ;

▶ l'ensemble des acteurs opérationnels concernés.

1.6.4 Management des audits

Des équipes et des outils pour accompagner l'ensemble des dispositifs de suivi et des contrôles internes sont ou seront mis en place progressivement afin d'assurer la circulation et les échanges d'informations et des données (sites intranet, outils collaboratifs, séminaires, *hackathons...*), équipes composées par :

▶ les auditeurs internes ;

▶ les consultants ;

▶ les auditeurs externes.

COBIT® 5 est largement utilisé sur la base de ses points de contrôle. On trouvera des compléments dans d'autres référentiels plus spécialisés, par exemple ITIL 2011 pour la gestion des services et les déploiements en production ou encore le modèle de maturité CMMI portant sur la gestion des projets, mais aussi CGEI ou PMBOK, (voir tableau 1.1). Les audits réguliers et les contrôles internes contribuent à la maîtrise et à l'efficience des activités de l'organisation. Régulièrement, une fois par an jusqu'à plusieurs fois par an, une série d'audits seront réalisés dans l'entreprise afin d'identifier le niveau atteint par les processus internes dans la gestion des risques et les anomalies significatives pouvant impacter les résiliences des infrastructures.

Le référentiel d'audit et de contrôle établi à partir des exigences COBIT® 5 permet à des auditeurs non-informaticiens de mener de façon professionnelle soit des audits du système d'information intégré, soit des audits généraux dans l'entreprise (ISO 9001:2015, norme pour le management de la qualité). Le déroulement des audits se fait par l'intermédiaire des guides d'audit de l'informatique qui fournissent des conseils sur la façon d'utiliser COBIT® 5 pour s'adapter aux différents types d'audits. En complément, des propositions de procédures d'évaluation sont proposées pour tous les processus informatiques, les métiers et des objectifs de contrôle. L'ensemble des modes d'évaluation est préparé de façon globale pour recueillir les éléments pertinents du fonctionnement, mais il est souvent assimilé à un audit interne. Ceci concerne le volet « guide de management » des documents de référence de COBIT® 5.

1.7 Positionnement dans les référentiels et les normes

1.7.1 Rappel de l'historique

Les principales dates clés situent les grandes évolutions engagées par COBIT. Depuis 1996, ce référentiel a toujours été adapté pour, d'une part, suivre les différentes évolutions des SI et, d'autre part, maîtriser les problématiques de pilotage décidées par les principaux acteurs.

◆ **Début**

Les premières versions sont publiées à partir de 1996, le référentiel COBIT se positionne alors uniquement dans le domaine du contrôle de gestion. Il s'appuie sur le domaine IT en mettant en œuvre les principes du référentiel COSO (*Committee of Sponsoring Organizations of the Treadway Commission*), publiés en 1992. L'objectif est d'aider les entreprises à maîtriser les éléments du SI. Pour cela, on commence par évaluer dans un premier temps leur fonctionnement pour ensuite mettre en place des actions d'amélioration de leurs systèmes spécifiques aux contrôles internes.

À cette époque, la mise en chantier de COBIT découlait de la volonté des professionnels de l'audit de répondre aux exigences du COSO et de partager des plans d'audits communs. Les plus grands cabinets d'audit internationaux ont participé pour faire évoluer les versions vers un standard ouvert et maîtrisé par les auditeurs informatiques. On y trouvait l'essentiel de la structuration en domaines, processus, et les définitions des objectifs de contrôle.

En 1998, l'ITGI (*Information Technology Governance Institute*), a été créé sur l'initiative de l'association ISACA en réponse à la place croissante occupée par les technologies de l'information. Pour la plupart des organisations ou des entreprises, l'un des principaux facteurs du succès réside dans la capacité des systèmes d'information à s'organiser de manière cohérente pour inclure au sein du même ensemble dans l'entreprise la différenciation stratégique et le support aux activités. Cette nouvelle démarche a permis d'imposer des objectifs de gouvernance auprès des systèmes d'information qui devenaient également critiques (évaluations, contrôles, actualisations) par rapport aux missions ainsi qu'aux besoins et finalités de la gouvernance d'entreprise.

◆ Évolution des versions

Pendant une dizaine d'années, l'ITGI a conduit de nombreuses recherches dans le monde entier au travers de groupes de travail répartis. Il en résulte dès 2000 la publication de la version V3 du référentiel COBIT intégrant, parallèlement à un guide d'audit, un guide de management pour aider à la préparation des versions suivantes.

Dès 2002, après plusieurs scandales survenus au début des années 2000 aux États-Unis (Enron, Tyco, WordCom, etc.), le Congrès américain vote la loi SOX (Sarbanes-Oxley) pour redonner confiance aux investisseurs et aux actionnaires. Cette loi garantit à la fois la transparence des comptes, l'existence de processus d'alerte et l'engagement des dirigeants (P.-D.G., DAF, directeurs). Cela conduit à des renforcements, des contrôles périodiques des processus financiers. Le référentiel COBIT 4 a été reconnu comme une réponse à ces nouvelles exigences, tant en matière de contrôles à mettre en place qu'en matière de structures de gouvernance.

On assiste à la généralisation de la loi SOX ou de ses déclinaisons locales ou sectorielles telles que l'IFRS (*International Financial Reporting Standards)* ou la LSF (Loi de sécurité financière) de 2003, nommée aussi « loi Mer »[7]. Cela a eu pour effet de renforcer les dispositions légales en matière de gouvernance d'entreprise en France, avec les normes Bâle, consolidant ainsi largement le rôle des auditeurs. L'application de ces dispositions réglementaires a accéléré l'utilisation et l'extension de COBIT en tant que référentiel ayant la capacité de garantir la fiabilité et le **contrôle de la gouvernance des SI**.

En décembre 2005, l'ISACA publie la version COBIT®4.

En 2007, la version COBIT®4.1 est diffusée. Elle regroupe deux visions : le « contrôle » et le « management » des systèmes d'information dans le but de créer une synergie et de faciliter les contrôles croisés et les suivis de l'ensemble des techniques impliquées dans le traitement des informations.

◆ Version COBIT® 5

La dernière version est COBIT®5, publiée en avril 2012. La nouvelle publication de la version COBIT®5 se positionne maintenant au niveau de la **gouvernance globale de l'entreprise**. Elle décrit tous les processus indispensables pour diriger et contrôler l'utilisation de l'informatique.

....

7   Lien : https://fr.wikipedia.org/wiki/Loi_de_sécurité_financière

COBIT® 5 incorpore et intègre le contenu de trois *frameworks* de l'ISACA de la version COBIT®4.1. Il s'agit d'un ensemble de bonnes pratiques développées par des experts des SI de divers secteurs (l'industrie et les services), à savoir VAL IT 2.0 en 2008, Risk IT en 2009 et BMIS (*Business Model Information Security*) en 2010 (voir figure 1.2).

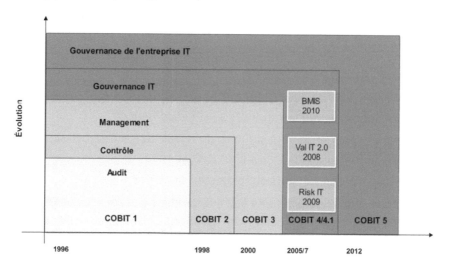

Figure 1.2 Les évolutions majeures de COBIT® 5

Les éléments de la version COBIT® 5 **intègrent les 3 parties suivantes** :

▶ **Risk IT**, axé sur l'identification, la gestion et la réduction des risques ;

▶ **Val IT**, pour la gouvernance des investissements informatiques ;

▶ **COBIT®4.1**, la version précédente de COBIT.

COBIT® 5 est un cadre de travail pour expliquer les objectifs commerciaux de haut niveau au niveau de la gouvernance, mettre en œuvre une collection générique de 37 processus métiers et informatiques pour coordonner dans l'entreprise l'alignement stratégique avec l'ensemble de l'architecture globale des structures existantes.

1.7.2   Les environnements et leurs maîtrises

La mise en œuvre d'une gouvernance informatique efficace doit être un vecteur majeur pour les organisations qui souhaitent s'assurer que leurs projets informatiques seront rentabilisés (ROI, VOI, VN). L'objectif est de profiter de nouveaux avantages concurrentiels, de mettre en avant la gestion des produits, l'organisation et les ressources en personnel, avantages que l'on retrouve ensuite tant au niveau du management que de la tactique jusqu'à la mise en application opérationnelle sur tous les plans (financiers, organisationnels, techniques et métiers, communautaires et culturels, clients). Dans les entreprises, on assiste à la montée en puissance de la gouvernance avec comme objectif une maîtrise de l'ensemble des activités.

1.8 En résumé

Ce chapitre s'est attaché à décrire :

▶ l'application du référentiel COBIT® 5 dans le développement des systèmes d'information, des architectures et du *cloud computing* ;

▶ la garantie d'apporter, tout au long du cycle de vie des activités, de la valeur ajoutée aux participants internes/externes ;

▶ les évolutions des versions du référentiel COBIT® 5 ;

▶ la connaissance des différents acteurs qui interagissent avec le référentiel (Direction générale, Direction de l'entreprise, Directions métiers, DSI, utilisateurs et parties intéressées, auditeurs, collaborateurs…) ;

▶ le positionnement de COBIT® 5 dans les référentiels, notamment les bonnes pratiques ainsi que les normes applicables.

2
Le modèle COBIT® 5

2.1 Quelle est la vision globale du modèle COBIT® 5 ?

La gouvernance d'entreprise constitue un ensemble de processus, de réglementations, de lois et institutions pour guider l'entreprise et fournir des outils pour la diriger, l'administrer et en contrôler les résultats obtenus en conformité avec les prévisions initiales. Avec COBIT® 5, le modèle de gestion et de la gouvernance des systèmes d'information couvre toute l'entreprise dans une démarche *top-down* mais aussi *bottom-up*.

La mise en place de modèles de gouvernance vise à étendre pour des contraintes de sécurité le périmètre initial réservé à la DSI (Direction des systèmes d'information) pour réunir l'ensemble des parties intéressées des SI dans l'entreprise.

On se rapproche de la notion de *stakeholders* ou de partenaires, qui inclut les actionnaires et la Direction générale de l'entreprise ainsi que l'ensemble des métiers tout en s'appuyant sur les structures existantes, les rôles et les fonctions dans l'entreprise. On entre dans des fonctionnements de relations multipartites qui peuvent ensuite être utilisées pour la mise en œuvre d'un suivi de la politique de gouvernance dans un cadre portant sur des SI dédiés nationaux, européens ou mondiaux.

2.1.1 Points forts et points faibles

Voici maintenant quelques exemples de points forts et points faibles pour procéder à des améliorations dans la mise en œuvre et le déploiement.

◆ Principaux points forts

COBIT® 5 définit des objectifs concernant la gestion des informations que doit contenir et fournir un système d'information performant. Pour cela, 7 objectifs sont définis en matière d'informations et de gestion des données par COBIT® 5 :

1. l'efficacité ;
2. l'efficience ;
3. la confidentialité ;
4. l'intégrité ;
5. la disponibilité ;
6. la conformité ;
7. la fiabilité.

COBIT® 5 accompagne, grâce à ses démarches internes spécifiques, la prise en compte de la gestion des informations/données sur ses aspects importants. La démarche porte à la fois sur l'ensemble des infrastructures mais prend aussi en compte les menaces internes et les menaces externes. C'est le cas dans certains domaines clés en fonction des réglementations.

Les principaux points forts sont les suivants :

▶ la mise en place d'une gestion des risques pour valider leurs maîtrises et les limites respectives ;

▶ les démarches de gestion orientées processus qui garantissent des niveaux de performances plus élevés, avec des évaluations grâce à des métriques mais aussi des démarches d'efficacité et de résilience ;

▶ les structures autonomes des comités de coordination dont les responsabilités sont approuvées et définies ;

▶ l'organisation d'audits internes et surtout externes dans la mesure du possible pour évaluer les projets informatiques en cours de mise en œuvre, du fait de leur complexité accrue et des risques afférents.

◆ **Principaux points faibles**

Le référentiel implique de :

▶ proposer un cadre très structurant des contrôles et suivis des SI de l'entreprise ;

▶ gérer un ensemble de flux internes et externes dans les systèmes d'information (commandes, livraisons, achats, production…) pour accompagner les métiers ;

▶ mobiliser des ressources et des contrôles supplémentaires, qu'ils soient opérationnels ou fonctionnels pour animer les structures en place et en contrôler les résultats attendus.

Il peut donc se heurter à :

▶ des freins et résistances de la part des métiers pour intégrer de nouvelles structures, s'adapter aux exigences, d'où des investissements dans des moyens et des ressources sans être convaincus de la nécessité de la démarche ;

▶ un manque de compétence des collaborateurs ;

▶ un manque d'informations et de diffusion sur les référentiels en cours…

2.1.2 S'interroger : quoi ? Comment ? Pour qui ? Avec qui ?

La démarche COBIT® 5 est fédératrice. Elle permet d'instaurer un langage commun pour expliquer la gouvernance des systèmes d'information, tout en intégrant les apports d'autres référentiels spécialisés comme le BSC (*Balanced ScoreCard*)[8] de R. Kaplan et D. Norton, ISO 9001, ITIL, CMMI, ISO 27001, ISO 31000 ou, de façon plus générale, des spécificités adoptées par chaque entreprise.

Voici quelques chiffres qui indiquent la répartition en pourcentage des organisations qui utilisent ou commencent à mettre en œuvre des pratiques de gouvernance informatique dans différents continents :

▶ 27 % en Amérique du Sud ;

▶ 44 % en Asie ;

▶ 50 % en Europe ;

▶ 50 % en Amérique du Nord.

....

8   Lien : www.balancedscorecard.org

COBIT® 5 fournit des principes, pratiques, outils d'analyse et modèles généralement acceptés à l'échelle mondiale pour aider les chefs d'entreprise et les responsables TI à maximiser leurs actifs en développant l'information et la technologie d'entreprise.

✍ À noter

Selon un sondage mondial mené en 2013 auprès de plus de 3 700 professionnels des technologies de l'information membres de l'ISACA, près de la moitié des entreprises (44 %) projetaient d'augmenter leurs investissements liés à l'informatique sélectivement au cours de 12 prochains mois. Les objectifs portaient sur la contribution prévue à la valeur pour l'entreprise, les contrôles. Ce sondage a montré que 74 % des équipes de la Direction considéraient l'information et les technologies comme un facteur primordial important pour le management de la stratégie en coordination avec une véritable vision de l'entreprise.

COBIT® 5 est distribué dans le monde francophone par l'AFAI (Association française de l'audit et du conseil informatiques)[9], l'IFACI (Institut français de l'audit et du contrôle internes)[10] avec plus de 4 000 auditeurs, ainsi que par le CIGREF[11] (Club informatique des grandes entreprises françaises).

2.2 Les 7 facilitateurs

COBIT® 5 identifie plusieurs facteurs qui vont concourir afin de faciliter les étapes de la mise en œuvre au travers des modèles d'évaluation et la maturité des capacités. Le référentiel COBIT® 5 est fondé sur **7 concepts** qui facilitent les approches de gouvernance du SI en général. Ils définissent un ensemble de domaines clés appelés facilitateurs dont le but est d'identifier les facteurs induisant des rôles structurants :

▶ Concept 1 – Principes, règles et cadres ;

▶ Concept 2 – Processus ;

▶ Concept 3 – Structure organisationnelle ;

▶ Concept 4 – Culture, éthique, comportements ;

▶ Concept 5 – Information ;

▶ Concept 6 – Services, infrastructure et applications ;

▶ Concept 7 – Personnes, savoir-faire, compétences.

---

9   Lien : www.isaca.org/chapters6/paris/Pages/default.aspx
10 Lien : www.ifaci.com
11 Lien : www.cigref.fr

L'ensemble des **7 facilitateurs** sont représentés par la figure 2.1.

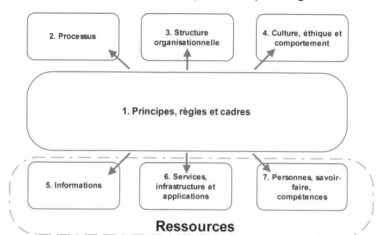

Figure 2.1 Les 7 facilitateurs de COBIT® 5

Les facilitateurs sont des facteurs qui, individuellement ou collectivement, influencent la réussite d'une activité. Il s'agit dans ce cas de la gouvernance et de la gestion des TI de l'entreprise. Les facilitateurs sont influencés par la cascade des objectifs, c'est-à-dire que des objectifs de plus haut niveau liés aux TI définissent ce que les différents facilitateurs devraient permettre d'atteindre.

Le référentiel de COBIT®5 décrit 7 grandes catégories de facilitateurs :

▶ **Les principes, les politiques et les référentiels** représentent le moyen permettant de traduire le comportement désiré en orientations pratiques pour la gestion quotidienne ;

▶ **Les processus** décrivent un ensemble organisé de pratiques et d'activités requises pour atteindre des objectifs et produire un ensemble de résultats permettant la réalisation des objectifs globaux liés aux IT ;

▶ **Les structures organisationnelles** sont les principaux centres de décision dans l'entreprise ;

▶ **La culture, l'éthique et le comportement** des individus et de l'entreprise sont très souvent sous-estimés en tant que facteurs de réussite dans les activités de gouvernance et de gestion ;

▶ **L'information** circule. Elle est présente dans toute organisation. Elle comprend toute l'information produite et utilisée par l'entreprise. L'information est nécessaire pour maintenir l'organisation fonctionnelle et en assurer la gouvernance. Au niveau opérationnel, elle est souvent un des résultats très importants, voire vitaux dans l'entreprise ;

▶ **Les services, l'infrastructure et les applications** comprennent les infrastructures physiques ou applicatives : matériels, scripts et outils utilisés, systèmes, serveurs, logiciels, réseaux, les connaissances techniques et les applications qui permettent dans l'ensemble de l'entreprise de supporter les *workflows* et les services en matière de technologies de l'information ;

▶ **Le personnel, les aptitudes et les compétences spécifiques** appartiennent aux collaborateurs. Ils sont nécessaires pour la réussite de chacune des activités ainsi que pour la prise de décision adaptée aux situations et des mesures correctives décidées.

✐ Exemple

Donnons un exemple de bonnes pratiques pour le facilitateur 6 : les services, l'infrastructure et les applications.

Les principes d'architecture sont des directives générales qui régissent la mise en œuvre et l'utilisation des ressources informatiques IT dans l'entreprise.

Les 5 principes qui définissent les choix de l'architecture d'entreprise portent sur la mise en œuvre et l'utilisation des ressources informatiques. Cette partie constitue un ensemble des bonnes pratiques de ce facilitateur. Citons par exemple les principes suivants :

> la réutilisation : les composants communs de l'architecture doivent être utilisés lors de la conception et la mise en œuvre de solutions dans le cadre des architectures de cible ou de transition ;

> l'achat ou le développement : les solutions doivent être achetées à moins d'une justification approuvée pour les développer en interne ;

> la simplicité : l'architecture de l'entreprise doit être conçue et maintenue de façon à être aussi simple que possible tout en répondant aux exigences de l'entreprise ;

> l'agilité : l'architecture d'entreprise doit intégrer l'agilité pour répondre aux besoins opérationnels changeants de manière efficace et efficiente ;

> l'ouverture : l'architecture de l'entreprise doit tirer parti des normes disponibles dans le secteur d'activité.

Les capacités des services font référence à des ressources telles que les applications et les infrastructures utilisées dans la fourniture des services informatiques (voir figure 2.2).

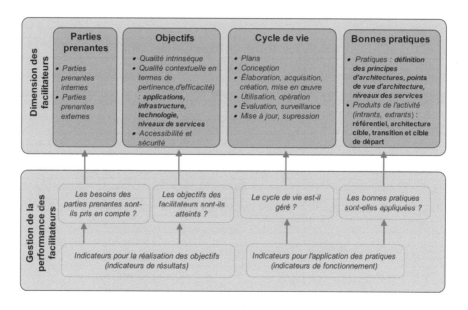

**Figure 2.2 Facilitateur 6 de COBIT® 5 : services, infrastructures, applications
(source : ISACA)**

2.3 La matrice RACI des rôles et des responsabilités de COBIT® 5

Elle comprend un ensemble de 27 rôles et niveaux de responsabilités qui sont détaillés dans COBIT®5 (voir tableau 1.3). Pour chaque processus, on définit les rôles et les responsabilités au moyen de la matrice RACI. La matrice RACI est un outil interne qui décrit les niveaux de responsabilité.

Les rôles sont regroupés dans un tableau **RACI**. Ils définissent les répartitions des niveaux de responsabilité pour des pratiques associées aux processus. En général, les rôles et les responsabilités sont définis et attribués dans l'entreprise ainsi que les rôles relatifs aux fonctions informatiques. Il existe 4 niveaux d'implication du RACI (voir tableau 2.1).

Tableau 2.1 Répartition des rôles et des responsabilités avec COBIT® 5

Ensemble des rôles et des responsabilités COBIT® 5		
Conseil d'Administration	Structure de gestion de la valeur	Responsable de l'urbanisation
Président-directeur général	Responsable des risques	Responsable de développement
Directeur général	Responsable de la sécurité de l'information	Responsable des opérations informatiques
Directeur financier	Conseil en urbanisation et architecture	Responsable de l'administration informatique
Dirigeants d'entreprises	Comité des risques d'entreprise	Gestionnaire de services
Propriétaires de processus métiers	Responsable des ressources humaines	Gestionnaire de sécurité de l'information
Comité exécutif de la stratégie	Conformité	Responsable de la continuité des opérations
Comité de pilotage (programmes/projets)	Vérification	Responsable de la confidentialité
Structure de gestion de projet	Directeur de l'information	Responsable architecte

2.3.1 R (*Responsible*) : exécute

Le rôle d'exécution désigne les collaborateurs qui ont en charge la réalisation de la tâche ou l'activité. En quelque sorte, c'est le rôle de la maîtrise d'œuvre. Ce niveau fait référence aux rôles qui portent sur les enjeux opérationnels, la réalisation de l'activité répertoriée et la création du résultat attendu.

2.3.2 A (*Accountable*) : responsable

Il s'agit d'un rôle important puisqu'il concerne les collaborateurs qui sont les responsables de la définition de la tâche ou de l'activité. En quelque sorte, c'est le rôle de la maîtrise d'ouvrage. Les collaborateurs ont comme responsabilité globale de définir le contenu de la tâche à accomplir (où s'arrête le financement?). Il peut exister plusieurs niveaux de responsabilité qui sont repris dans un *workflow* des activités.

Il y a, bien sûr, des niveaux plus élevés qui sont responsables. Pour permettre l'autonomisation de l'entreprise, la responsabilité est répartie autant que possible entre les responsables. La responsabilité n'indique pas que le rôle n'a aucune activité opérationnelle, c'est très probablement que le rôle s'implique dans la tâche. En principe, la responsabilité ne peut pas être partagée.

2.3.3   C (*Consulted*) : consulté

Les collaborateurs de ce rôle seront consultés avec une évolution ou un changement en entrée. Ces rôles clés seront chargés d'évaluer et de fournir des informations. À noter que c'est le rôle du responsable qui consulte pour obtenir des informations d'autres unités ou de partenaires externes. Cependant, les différentes actions des entrées des rôles attribués doivent être prises en compte et, si nécessaire, des mesures appropriées définies pour l'escalade, y compris le propriétaire du processus et/ou le comité de pilotage.

2.3.4   I (*Informed*) : informé

Les collaborateurs de ce rôle ou les parties intéressées sont ceux qui sont informés des changements ou auprès desquels les informations circulent. Par exemple, ceux-ci seront informés lors des réalisations et/ou livrables sur les activités ou les tâches réalisées.

2.4   Appliquer des actions d'amélioration continue

Les pratiques COBIT® 5 correspondent aux besoins et objectifs de l'amélioration continue définie par W. Edwards Deming sous forme de la roue de Deming ou PDCA (*Plan, Do, Check, Act* ou Planifier, Faire, Contrôler et Agir).

Le référentiel COBIT® 5 et ses démarches s'inscrivent dans la dynamique d'amélioration continue. Pour mettre en avant, il généralise les techniques d'audit et intègre la gestion des risques et les contre-mesures en réponse aux menaces.

COBIT® 5 a pour objectif de se placer dans des perspectives métiers pour être partagé entre tous les acteurs du SI et les risques *business*. Il analyse les risques pour développer des solutions techniques suivant une logique de contrôle et de management. Il analyse les alternatives dans une perspective de cycle économique complet (marchés, clients, produits) afin d'optimiser en cohérence avec l'ensemble des activités dans l'entreprise et donc de réduire les risques dans les domaines suivants :

► les ventes et achats des produits et des prestations sur les marchés ;

► les besoins des clients ;

▶ le suivi des investissements et des charges ;

▶ les marges de rentabilité ;

▶ la démarche globale de la qualité.

Parmi ces activités, l'objectif de la gouvernance est de répondre aux attentes de toutes les parties prenantes en créant de la valeur adaptée aux structures. Cela se traduit dans l'entreprise soit par l'atteinte des résultats financiers, soit par l'optimisation des risques et la coordination des ressources du SI en général au niveau de la Direction générale (voir figure 2.3).

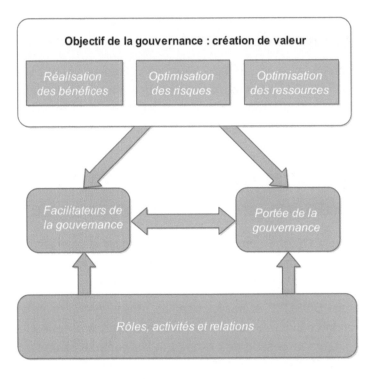

Figure 2.3 Gouvernance et gestion dans COBIT® 5 (source : ISACA)

2.4.1   Le pilotage du système d'information

L'entreprise doit être considérée comme un processus général devant s'adapter en permanence aux demandes des actionnaires, des clients, des utilisateurs et de sa clientèle. L'ensemble des processus internes constitue une chaîne de valeur pour répondre aux besoins des clients ou des utilisateurs. En conséquence, il faut mettre en place des règles de management qui décrivent les exigences qualité portant sur les ressources mais aussi le type d'organisation (centralisée, décentralisée, mixte), la gestion des délais, la prise en compte des coûts fixes et variables.

Un autre point concerne la gestion managériale des processus et leurs conditions de fonctionnement pour assurer le pilotage du système d'information, surtout si l'on tient compte et que l'on recense les pressions économiques et réglementaires nouvelles au cours des dernières années. Il est de plus en plus vital pour une entreprise d'atteindre ses objectifs opérationnels et de maîtriser ses processus métiers stratégiques car, souvent, ceci n'est réalisé que partiellement. Mais alors, comment faut-il agir ? La réponse est dans les mises en pratique du pilotage du système d'information qui seront accompagnées par la mise en œuvre d'une démarche d'amélioration continue et progressive sur les processus, les documents, les tableaux de bords. Dans la mesure des ressources certaines, des activités dans l'entreprise suivront une démarche d'amélioration continue basée sur la roue de Deming (voir figure 2.4).

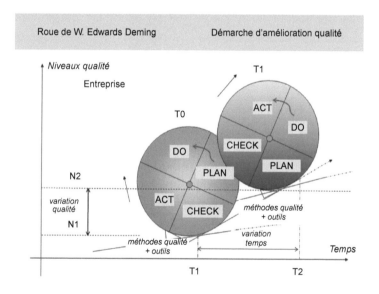

Figure 2.4 Démarche structurée de mise en œuvre de la gouvernance

2.4.2 Définition des indicateurs

Une des fonctions principales de la gouvernance est de piloter le système informatique de l'entreprise sur le moyen ou le long terme. Pour mesurer le niveau de pertinence des résultats du pilotage, on commence par définir au moins trois types d'indicateurs (durée, fréquence) représentatifs à moyen terme des activités :

▶ indicateurs d'objectifs ;

▶ indicateurs de performance ;

▶ indicateurs d'efficience.

Les objectifs du pilotage dans les domaines industriels comme dans les activités tertiaires consistent à définir et mettre en œuvre des indicateurs (hôpital, gestion, commercial, production…). Ils représentent une succession de tableaux de bord sur une durée de temps allant du court terme (de 2 à 3 ans) au moyen terme (de 4 à 6 ans), voire dans certains cas urgents de très court terme (6 mois).

2.5 Fondamentaux des niveaux de maturité

La garantie du succès de cette approche est fondée sur les modèles de maturité. Ils permettent au management de situer les performances des processus sur une échelle chiffrée. Le résultat sera d'évaluer de façon objective les ressources et les moyens à mettre en œuvre pour améliorer les performances des processus en fonctionnement.

Pour cela, on utilise une échelle de 0 à 5 qui évalue à un instant donné la maturité d'un périmètre du système ou, sur un périmètre plus large, l'ensemble du système.

On part du niveau 0 parce qu'il est très possible qu'il n'existe aucun processus. Une échelle de maturité compte donc 6 niveaux. Elle est représentative de l'évolution d'un ou de plusieurs niveaux, allant du niveau inexistant (0) vers le niveau optimisé (5).

Le guide de management fournit des indicateurs clés d'objectif, de performance ainsi que les facteurs clés de succès. Dans ce document se trouve également décrit le modèle de maturité. Il évalue l'atteinte d'un ou plusieurs objectifs généraux des processus concernés sur une échelle de 0 à 6 (voir figure 2.5) comme pour le modèle du CMMI (*Capability Maturity Model Integration*), sauf que les niveaux ne sont pas les mêmes. Celui-ci est défini comme suit :

▶ 0 : incomplet ;

▶ 1 : exécuté mais non organisé (initialisé au cas par cas ou *ad hoc*) ;

▶ 2 : géré (reproductible mais intuitif ou renouvelable) ;

▶ 3 : établi (avec une documentation) ;

▶ 4 : mesurable, surveillé et mesuré ;

▶ 5 : en optimisation.

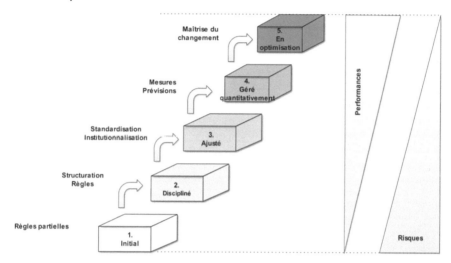

Figure 2.5 Classification des niveaux de capacité

2.6   En résumé

Ce chapitre a traité les points suivants :

▶ la présentation du modèle COBIT® 5 et les niveaux de 0 à 6 ;

▶ la garantie d'apporter tout au long du cycle de vie des activités de la valeur ajoutée aux participants internes et externes ;

▶ la connaissance des différents acteurs qui interagissent avec le référentiel (Direction générale, Direction de l'entreprise, Directions métiers, DSI, utilisateurs et parties intéressées, auditeurs, collaborateurs) ;

▶ le positionnement de COBIT® 5 dans les référentiels, notamment les bonnes pratiques et les normes ;

▶ les principes de pilotage par l'amélioration continue, la roue de Deming ainsi que les 6 niveaux de maturité ;

▶ la notion de facilitateur gérée à partir des principes, des réglementations et des outils disponibles pour la gouvernance ;

▶ l'exemple du facilitateur n° 6 « Services, infrastructure et applications ».

3
Les principes COBIT® 5

3.1   Les 5 principes de COBIT® 5

Le référentiel COBIT® 5 a été défini à partir de référentiels provenant de différentes sources techniques et internationales : NIST (*National Institute of Standards and Technology*), OCDE, ITSEC, ISO 9001, EBIOS, PCI conformité (*Payment Card Industry*) ... Il intègre les grandes lignes du référentiel de contrôle interne COSO, défini par le *Committee Of Sponsoring Organizations of the Treadway Commission*, et d'autres pratiques d'entreprises. La démarche COBIT® 5 se décline en **5 principes** fondamentaux (voir figure 3.1) :

▶ Principe 1 : satisfaire aux besoins des parties prenantes ;

▶ Principe 2 : couvrir l'entreprise étendue ;

▶ Principe 3 : appliquer un référentiel unique et intégré ;

▶ Principe 4 : faciliter une approche holistique ;

▶ Principe 5 : séparer la gouvernance de la gestion.

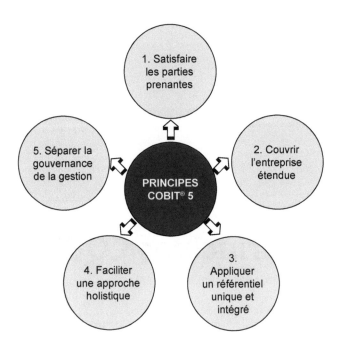

Figure 3.1 Les 5 principes de COBIT® 5 (source : ISACA)

3.1.1   Principe 1

Dans ce premier principe, il s'agit de répondre aux besoins des parties prenantes. Le rôle des entreprises est de générer de la valeur pour leurs parties prenantes en maintenant un équilibre entre la réalisation de bénéfice, d'une part, et la gestion optimale des risques et de l'utilisation des ressources, d'autre part. COBIT® 5 fournit tous les processus et autres facilitateurs requis pour appuyer la création de valeurs grâce à l'utilisation des IT.

3.1.2   Principe 2

L'approche de ce deuxième principe est de couvrir l'entreprise de bout en bout. COBIT® 5 intègre la gouvernance des IT à la gouvernance d'entreprise. Il couvre tous les processus et les fonctions dans l'entreprise ; le référentiel COBIT® 5 n'est pas centré exclusivement sur la fonction IT, car il traite aussi les informations, les infrastructures et les technologies connexes considérées comme des actifs devant être gérés comme tout autre actif dans l'entreprise.

3.1.3 Principe 3

L'idée de ce principe est que les évolutions qui vont résulter seront une profonde transformation pour mettre en application un référentiel unique et intégré dans l'entreprise. Il existe de nombreuses normes et bonnes pratiques en matière de TI, chacune proposant des orientations pour un sous-ensemble d'activités. COBIT® 5 s'intègre avec les autres normes et les référentiels utilisés. Son point fort sera de servir de référentiel général pour la gouvernance et la gestion des IT de l'entreprise.

3.1.4 Principe 4

Ce principe est complémentaire car, dans sa mise en place, il facilite une approche globale de l'organisation en tant que système : processus, acteurs, produits et clients. C'est dans cette optique que le modèle de gouvernance oriente l'ensemble des pratiques de gestion efficaces et efficientes en matière d'IT dans l'entreprise. Cela nécessite d'avoir une approche globale. La complémentarité prend en compte les éléments qui interagissent entre eux. Pour cela, COBIT® 5 définit un ensemble de facilitateurs pour appuyer la mise en œuvre d'un système complet de gouvernance et de gestion pour les IT de l'entreprise.

3.1.5 Principe 5

Ce dernier principe garantit que le référentiel COBIT® 5 fait une distinction entre la gouvernance globale de l'ensemble des activités de l'entreprise et de tous les acteurs impliqués dans des actions pluri-annuelles et la gestion – mensuelle, trimestrielle ou sur des pas de temps plus longs – des résultats.

Pour résumer, l'ensemble de ces **5 principes** sont des éléments spécifiques. Ils permettent de mettre en évidence dans l'entreprise un référentiel de gouvernance et de gestion efficace, dans le but d'optimiser les investissements en technologie et en gestion de l'information ; aussi de s'assurer que les mises en œuvre pour satisfaire l'ensemble des parties intéressées seront intégrées dans la gouvernance.

3.2 Répondre aux besoins des parties intéressées

3.2.1 Introduction

L'entreprise doit créer de la valeur pour les parties intéressées. La valeur se traduit par des bénéfices tout en optimisant les ressources et en réduisant les risques (voir figure 3.2).

Les bénéfices et les avantages constatés seront de différentes natures ; pour les entreprises du domaine des biens et des produits, les bénéfices seront financiers (dividendes, actions, résultats nets, investissements, coût de revient…) tandis que pour le secteur non marchand, par exemple pour les organismes publics, les organismes régionaux et/ou supranationaux, la mise en place et les résultats se traduisent par de meilleurs niveaux de qualité des services fournis aux usagers, le respect des obligations légales, la prise en compte des engagements budgétaires.

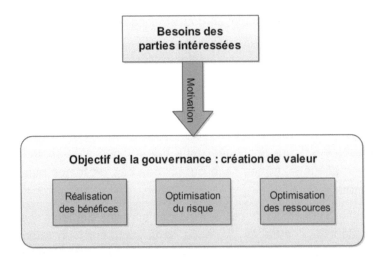

Figure 3.2 Objectif de la gouvernance (source : ISACA)

Dans le cas où les entreprises ont de nombreuses parties intéressées, celles-ci ont leurs propres définitions, parfois contradictoires, de la création de valeur sous une forme monétaire ou fonctionnelle. Un des rôles importants de la gouvernance consiste à négocier et à prendre des décisions en fonction des intérêts des différentes parties intéressées, sur la base de la création de valeurs ajoutées. Parfois, des actions d'arbitrage devront être négociées entre bénéfices, avantages, risques et ressources dans la démarche.

3.2.2   Cascade d'objectifs

Chaque entreprise opère dans son propre contexte économique en prenant en compte des facteurs **externes** (le marché, l'industrie, la géopolitique, la mondialisation, etc.) et des facteurs **internes** (la culture, l'organisation, la tolérance au risque, la Direction, les syndicats, etc.). Chaque contexte d'entreprise nécessite donc un système de gouvernance et de gestion spécifique.

De même, les besoins des parties intéressées doivent être traduits en actions stratégiques analysées qui peuvent ensuite être mises en œuvre dans l'entreprise.

Pour cela, COBIT® 5 met en place une cascade des objectifs qui représente le mécanisme de traduction des besoins des parties intéressées en objectifs d'entreprise. Lors de leur définition, ils doivent être précis, réalisables et personnalisés, en objectifs liés aux IT et en objectifs facilitants. La prise en compte permet de fixer des objectifs précis à tous les niveaux et dans tous les domaines de l'entreprise, en appui aux objectifs généraux et aux exigences des parties prenantes, afin de soutenir efficacement l'alignement entre les besoins de l'entreprise et les solutions et services des IT.

La cascade des objectifs de COBIT® 5 est reprise en figure 3.3.

◆   **Étape 1**

Il est courant que les besoins des parties intéressées soient influencés par un certain nombre de facteurs : des changements de stratégie, un changement dans les relations d'affaires, l'évolution de la réglementation du secteur ou encore l'arrivée de nouvelles technologies (les solutions de *cloud computing*, les tablettes tactiles, les lunettes 3D, les drones, les techniques d'holographie, les imprimantes 3D…) et d'applications émergentes (reconnaissance faciale, systèmes experts, IA…).

◆   **Étape 2**

Les besoins des parties intéressées s'expriment sous forme d'objectifs génériques de l'entreprise. Ces différents objectifs ont été établis en utilisant les dimensions du TBP (Tableau de bord prospectif) ou BSC (*Balanced Scorecard*). Ils représentent la liste des objectifs définis par l'entreprise en matière de besoins de gouvernance et de gestion.

Bien que la liste ne soit pas exhaustive, la plupart des objectifs particuliers dans l'entreprise peuvent être facilement mis en correspondance avec un ou plusieurs objectifs génériques de l'entreprise. L'annexe D du référentiel COBIT® 5 pour la gouvernance et la gestion des IT de l'entreprise présente les tableaux des besoins des parties intéressées par rapport aux objectifs de l'entreprise. Il appartient à l'entreprise de définir ses besoins spécifiques.

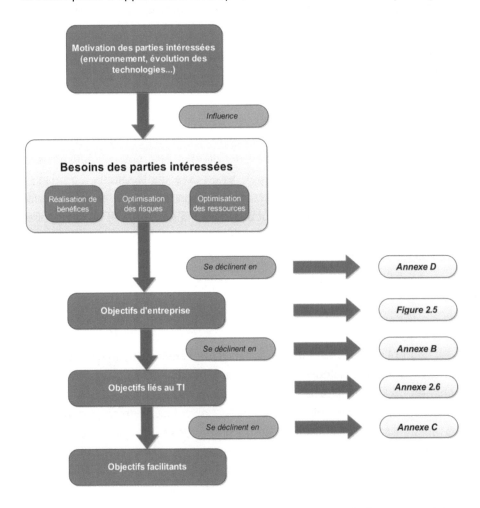

Figure 3.3 Vue d'ensemble de la cascade des objectifs de COBIT® 5 (source : ISACA)

Tableau 3.1 Objectifs d'entreprise de COBIT® 5

Domaines du TBP		Objectifs d'entreprise	Relation avec les objectifs de la gouvernance		
			Réalisation des bénéfices	Optimisation des risques	Optimisation des ressources
Financier	1	Valeur pour les parties intéressées	P		S
	2	Portefeuille de produits et services concurrentiels	P	P	S
	3	Gestion du risque d'affaires (protection des actifs)		P	S
	4	Conformité aux lois et à la réglementation		P	
	5	Transparence financière	P	S	S
Client	6	Culture de service orientée client	P		S
	7	Continuité et disponibilité des services d'affaires		P	
	8	Réponses agiles dans un contexte d'affaires en évolution	P		S
	9	Prise des décisions stratégiques basées sur l'information	P	P	P
	10	Optimisation des coûts de livraison des services	P		P
Interne	11	Optimisation de la fonctionnalité des processus d'affaires	P		P
	12	Optimisation des coûts des processus d'affaires	P		P
	13	Programmes de gestion du changement	P	P	S
	14	Productivité opérationnelle et productivité du personnel	P		P
	15	Conformité aux politiques internes		P	
Apprentissage et croissance	16	Personnes qualifiées et motivées	S	P	P
	17	Culture d'innovation des produits et des affaires	P		

COBIT® 5 définit **17 objectifs génériques**, repris au tableau 3.1 avec les compléments suivants :

▶ la dimension du TBP sous laquelle l'objectif de l'entreprise est défini ;

▶ les objectifs d'entreprise ;

▶ la relation avec les trois principaux objectifs de la gouvernance – la réalisation des bénéfices prévus, l'optimisation des risques et des ressources :

  ▼ « P » représente les relations primaires,

  ▼ « S » représente les relations secondaires, c'est-à-dire les relations moins fortes.

♦ **Étape 3**

Tableau 3.2 Objectifs liés aux IT de COBIT® 5 (source : ISACA)

Domaines du TBP des IT		Objectifs liés à l'organisation et aux technologies connexes
Financier	1	Alignement des IT et de la stratégie d'affaires
	2	Conformité des IT et soutien à la conformité de l'entreprise aux lois et à la réglementation
	3	Engagement de la haute Direction dans la prise des décisions liées aux IT
	4	Gestion du risque d'affaires lié aux IT
	5	Bénéfices réalisés sur les investissements en IT et sur le portefeuille de services
	6	Transparence des coûts, des bénéfices et des risques des IT
Client	7	Livraison de services des IT conformes aux exigences opérationnelles
	8	Utilisation adéquate des applications, de l'information et de solutions technologiques
Interne	9	Agilité des solutions IT
	10	Sécurité de l'information, des infrastructures de traitement et des applications
	11	Optimisation des actifs, des ressources et des capacités des IT
	12	Mise en œuvre et soutien des processus d'affaires par leur intégration dans les applications et les technologies
	13	Livraison de programmes procurant des avantages, en temps opportun, en respectant le budget, les exigences et les normes de qualité
	14	Disponibilité d'informations fiables et utiles pour la prise de décision
	15	Conformité des IT aux politiques internes
Apprentissage et croissance	16	Personnel des IT et des ensembles métiers compétent et motivé
	17	Connaissances, compétences et initiatives pour l'innovation auprès des métiers

La réalisation des objectifs de l'entreprise est dépendante de l'atteinte des objectifs des systèmes d'information grâce à la gestion des données et des technologies. COBIT®5 définit les objectifs des IT dans un tableau de bord prospectif avec 5 domaines (financier, client, interne, apprentissage et croissance) et leurs 17 objectifs correspondants (voir tableau 3.2).

◆ **Étape 4**

Mais pour atteindre les objectifs TI, le référentiel COBIT®5 précise en détail les conditions (voir Annexe C : Description détaillée des facilitateurs de COBIT®5) sous forme de **4 grandes catégories** : parties prenantes, objectifs, cycle de vie et bonnes pratiques (voir figure 3.4).

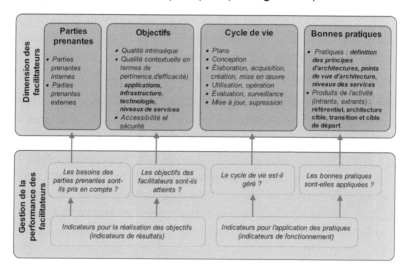

Figure 3.4 Niveau générique des facilitateurs COBIT® 5 (source : ISACA)

3.2.3 Rôles, activités et relations

Les rôles, les activités et les relations définissent les personnes qui participent à la gouvernance, mais aussi la façon dont elles sont impliquées, leurs activités et comment elles interagissent dans le cadre d'un système de gouvernance. COBIT®5 fait une distinction entre les activités de gouvernance et celles de gestion. Cela implique de gérer et de définir les différences entre les activités et les rôles des acteurs concernés. La figure 3.5 détaille la présentation des interactions entre les différents rôles.

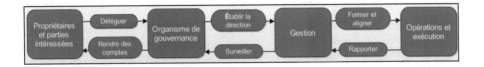

Figure 3.5 Rôles, activités et relations clés dans COBIT® 5 (source : ISACA)

3.2.4 Facilitateurs de la gouvernance

Des facilitateurs sont des éléments de la gouvernance qui facilitent l'atteinte des objectifs déterminés par le Conseil d'Administration. Ce sont des éléments forts de la gouvernance qui seront mis en œuvre.

Les **cinq grandes catégories des facilitateurs** peuvent être : des normes ou des référentiels, les 5 principes de COBIT® 5, ou bien la structure de l'organisation, les processus et, en complément, la mise en place des bonnes pratiques (ITIL, M_o_R, PRINCE2, Agile, Lean, DevOps…) (voir figure 3.6).

La mise en œuvre des facilitateurs qui sont en fait des variables sur lesquelles on va pouvoir agir dans l'entreprise permet d'accroître les différents niveaux de résultats et la performance. Par exemple : augmenter les disponibilités des services informatiques (infrastructure des TI, applications, etc.), assurer que les ressources et les compétences des collaborateurs sont adaptées ou que les informations et les données sont suffisantes et disponibles. Ces facilitateurs, s'ils ne sont pas définis et analysés, risquent d'affecter la capacité de l'entreprise à générer de la valeur pour les utilisateurs ou les clients.

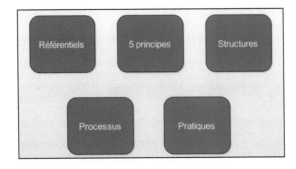

Figure 3.6 : Facilitateurs de gouvernance (source : ISACA)

3.3 En résumé

Ce chapitre a abordé les points suivants :

▶ la **cascade des objectifs**, un outil essentiel pour aligner les objectifs de l'informatique avec les objectifs définis dans l'entreprise ;

▶ les **5 principes** avec COBIT® 5 qui sont : satisfaire les parties prenantes, couvrir l'entreprise étendue, appliquer un référentiel unique et intégré, faciliter une approche holistique, séparer la gouvernance de la gestion ;

▶ la mise en œuvre de COBIT® 5 avec comme focus important la **création de valeurs** dans l'ensemble de l'entreprise et dans son champ de compétence ;

▶ les **7 facilitateurs,** regroupant les principes, les politiques et les référentiels, les processus, la structure organisationnelle, la culture et l'éthique et le comportement, l'information, les services avec l'infrastructure et les applications, les personnes, les savoir-faire et les compétences ;

▶ la nécessité de définir les **relations entre les différents rôles** des acteurs, les activités et les relations avec la matrice RACI.

4
Les fondamentaux COBIT® 5
(partie 1)

4.1 La démarche COBIT® 5

COBIT® 5 est le meilleur outil de gouvernance des systèmes d'information qui présente un ensemble de bonnes pratiques pour l'ingénierie du traitement de l'information et l'audit du système d'information. La fonction de contrôle dans un système d'information constitue une activité essentielle (accès, applications, transactions...).

Cette démarche informatique associe une série de concepts nouveaux :

▶ l'analyse des processus de gestion ;

▶ les aspects techniques ;

▶ les besoins de contrôle et la gestion des risques (sécurité, fiabilité, conformité réglementaire) ;

▶ les critères de la fiabilité du système d'information ;

Le modèle qui synthétise le mieux la démarche COBIT® 5 est représenté sous la forme d'un cube. Il permet d'utiliser le modèle COBIT® 5 avec les différentes perspectives : organisation, système d'information, processus.

Puis, ces différents points sont repris sur 6 domaines du management de la sécurité : objectifs, ressources, processus... (voir figure 4.1).

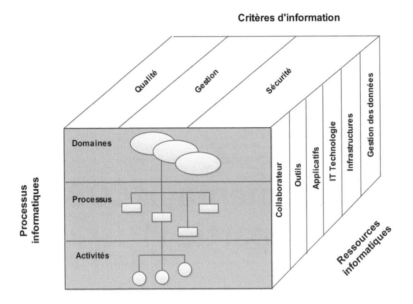

Figure 4.1 Modèle COBIT® 5 du cube des exigences (source : ISACA)

La méthode COBIT[12], actuellement en version 5.0, répertorie les ressources du système d'information en définissant les degrés de maturité qui s'appuient sur l'ISO « Technologies de l'information – Techniques de sécurité – Code de bonne pratique pour la gestion de la sécurité de l'information » appelée ISO 27002[13]. La démarche COBIT® 5 constitue le modèle de référence en matière d'audit et de maîtrise des systèmes d'information. Elle a été créée par l'ISACA. La version de COBIT® 5 actuelle est maintenue par *IT Governance Institute*. Les deux versions majeures antérieures sont 4.1 et 4.

4.1.1 Modèle de référence du processus COBIT® 5

Le cadre de référence COBIT® 5 propose un modèle de gouvernance et de gestion qui englobe les principes et les objectifs définis. Pour cela, il présente un certain nombre de processus regroupés en domaines. L'entreprise pourra adopter ces termes ou les adapter en fonction de ses contextes.

---

12 Lien : https://fr.wikipedia.org/wiki/Cobit
13 La norme ISO 27002 comprend un ensemble de mesures techniques et organisationnelles concernant la gestion de la sécurité de l'information.

Ce modèle de référence opérationnel divise l'ensemble des processus de l'entreprise en deux fonctions distinctes : la gouvernance et la gestion. C'est le 5e principe clé de COBIT®5. Un modèle décrit l'ensemble des relations entre les deux domaines de la gouvernance.

◆ Domaine de la gouvernance

De manière synthétique, on peut dire que la gouvernance consiste à évaluer les besoins, les règles et les options des parties intéressées afin de déterminer des objectifs de l'entreprise qui ont fait l'objet d'un consensus. Cela permet ensuite de déterminer l'orientation par les priorités et la prise des décisions, puis de définir des moyens pour contrôler la performance et la conformité en fonction des exigences sur les orientations et des objectifs définis avec les métiers.

Cette fonction comprend un domaine EDS, pour Évaluer, Diriger et Surveiller, avec 5 processus qui définissent les pratiques en lien avec celui-ci.

En général dans les entreprises, la gouvernance de haut niveau est de la responsabilité du Conseil d'Administration, sous la direction de son président. Il est possible de déléguer des responsabilités spécifiques pour une gouvernance vers des structures organisationnelles spéciales avec la délégation de responsabilités pour la mise en œuvre (par exemple : gouvernance financière, gouvernance informatique, gouvernance des ressources humaines...) ; on trouve ces mécanismes dans le cas de grandes entreprises mondiales.

◆ Domaine de la gestion

L'équipe de gestion planifie, bâtit, exécute et surveille les activités conformément à l'orientation fixée par le groupe de gouvernance afin d'atteindre les objectifs d'entreprise.

Dans la plupart des entreprises, la gestion relève de la haute Direction, sous l'autorité du président-directeur général.

Cette fonction de gestion est appelée PCES, car elle réalise la Planification, la Création, l'Exécution et la Surveillance. Elle compte quatre domaines (APO, BAI, LSS, SEM), qui étaient présents dans la version COBIT 4.1 : Planifier, Créer, Exécuter et Surveiller.

La version COBIT®5 organise selon les 4 grands domaines de gestion suivants :

▶ Aligner, Planifier et Organiser (APO) ;

▶ Bâtir, Acquérir et Implémenter (BAI) ;

▶ Livrer, Servir et Soutenir (LSS) ;

▶ Surveiller, Évaluer et Mesurer (SEM).

Les deux zones de gouvernance générale – la gouvernance et la gestion – possèdent des cycles de traitement spécifiques sur des informations. Mais elles sont interfacées entre elles par les fonctions de gouvernance que sont Diriger et Surveiller (voir figure 4.2).

Chaque domaine distinct comprend un certain nombre de processus, qui seront décrits dans un modèle de référence.

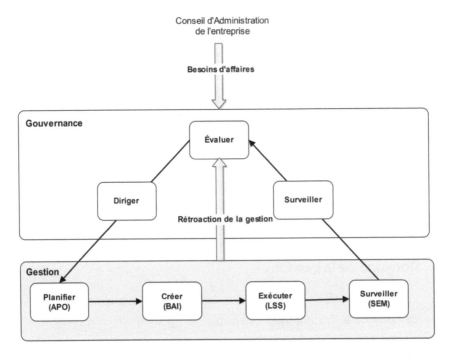

Figure 4.2 Zones de gouvernance et de gestion COBIT® 5 (source : ISACA)

4.1.2　IT processus COBIT® 5

Le tableau de répartition des domaines et leurs **37 processus** qui sont définis constituent le modèle de référence (voir tableau 4.1).

Tableau 4.1 Répartition des domaines et des processus COBIT® 5 (source : ISACA)

Fonctions	Domaines	Nombre de processus
Gouvernance d'entreprise	Évaluer, Diriger et Surveiller (EDS)	5
Gestion d'entreprise (PCES)	Aligner, Planifier et Organiser (APO)	13
	Bâtir, Acquérir et Implémenter (BAI)	10
	Livrer, Servir et Soutenir (LSS)	6
	Surveiller, Évaluer et Mesurer (SEM)	3
Total	5	37

4.2 Mécanisme de fonctionnement de la gouvernance

4.2.1 Définition et fonctionnement

La gouvernance comprend des niveaux de pilotage du système d'information, qui sont de la responsabilité de la Direction générale de l'entreprise (voir figure 4.1). Celle-ci assure des fonctions spécifiques[14] :

▶ la gestion des décisions (investissements, fonctionnements, clients et types de marchés) ;

▶ les contrôles (expertises de gestion, suivis, rapports) ;

▶ les moyens (ressources, partenaires) ;

▶ le suivi des actions (préparations, audits, certification).

4.2.2 Cadre de référence COBIT® 5

COBIT® 5 constitue le cadre de référence qui présente les *best practices* validées par les entreprises au travers du modèle de référence, en l'accompagnant d'un certain nombre d'outils de management pour guider les équipes dans la mise en œuvre (voir figure 4.3).

Sur Internet, des sites spécifiques aux entreprises[15] tracent toutes les décisions : les informations auprès des actionnaires, des investisseurs, des partenaires et du personnel. Il s'agit de faire face aux défis économiques pour réaliser des solutions performantes en prenant en compte les contraintes économiques au moindre coût. Les entreprises doivent commencer à implémenter ces nouvelles pratiques pour gérer et contrôler leurs cycles

14 Lien : www.ifa-asso.com/
15 Par exemple : www.loreal-finance.com/fr

de production, mais aussi tout au long de leurs cycles de vie pendant les développements en interne aussi bien, quand il y a des filiales, à l'*offshore*[16].

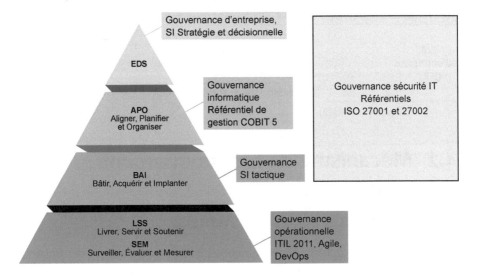

Figure 4.3 Position relative des référentiels

4.2.3 Modèle de référence et processus

Le modèle de référence comprend au total 37 processus, de la gouvernance à la gestion (voir tableau 4.2).

Chaque processus décrit le point de vue d'un point particulier. Le détail de chacun des processus est repris dans le document COBIT®5 : processus facilitants[17]. Il constitue un guide de référence des processus définis dans le modèle de référence des processus COBIT®5. Chaque processus est décrit et complété par ses objectifs et ses indicateurs de gestion ; ses bonnes pratiques reconnues ; ses activités ; ses matrices RACI (**R**esponsable de faire, le collaborateur qui a l'autorité d'**A**pprouver est **C**onsulté suite à des évolutions et **I**nformé des évolutions) ; et ses intrants/extrants.

En complément, il y a une référence aux meilleures pratiques utilisées dans l'industrie. À première vue, cela ressemble à un ensemble de tableaux et de listes. C'est un guide complet pour la gouvernance et la gestion des processus.

---

16 En 2010, plus de 18 % des informaticiens étaient concernés par le changement des outils de production (source : Gartner Group) et jusque 30 % sur l'*offshore*.

17 Lien : www.isaca.org/COBIT/Pages/COBIT-5-french.aspx

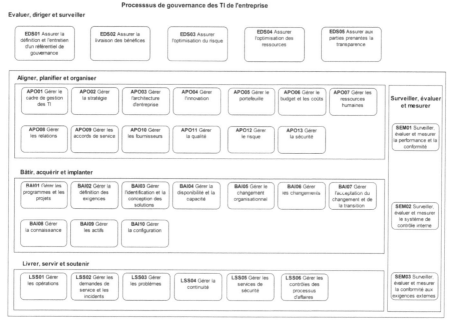

Tableau 4.2 Modèle de référence du processus COBIT® 5 (source : ISACA)

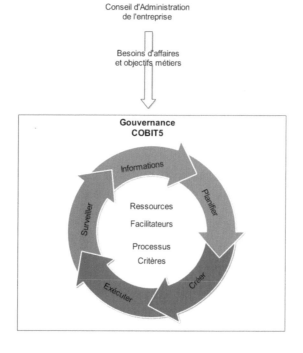

Figure 4.4 Modèle de la démarche COBIT® 5 (Source ISACA)

Pour avoir une méthode efficace, une interaction forte doit exister entre la gouvernance du système d'information et la démarche COBIT® 5, ce qui permet alors de piloter et de définir la politique de traitement des informations (voir figure 4.4). Le référentiel COBIT® 5 est le garant de la qualité du service fourni par les applicatifs informatiques de la DSI.

La démarche COBIT® 5 est complémentaire aux autres référentiels de gouvernance des systèmes d'information : ITIL V3 et 2011, CMMI, ISO 20000, ISO 17799 et les exigences de la norme ISO 27001 (voir figure 4.5).

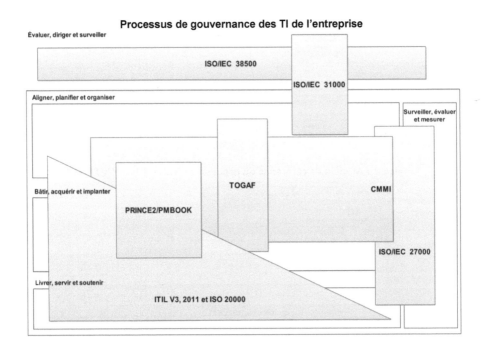

Figure 4.5 Relations entre COBIT® 5 et les principaux référentiels et les standards

4.3 En résumé

Ce chapitre a mis en évidence :

▶ le modèle du **cube COBIT® 5**, qui fait le lien entre trois éléments : les processus informatiques, les ressources informatiques de toute l'infrastructure et les critères de gestion des informations (données, documents, sites Internet, communications...) ;

▶ le **modèle de référence** qui commence par les objectifs métiers et les objectifs de la gouvernance pour être mis en œuvre par le cycle de vie de la gestion COBIT® 5 ;

▶ l'ensemble des **processus de gouvernance des IT** de l'entreprise ;

▶ le découpage en **2 fonctions (gouvernance, gestion)** avec les cinq domaines (EDS, APO, BAI, LSS, SEM) contenant 37 processus génériques ;

▶ les relations entre **COBIT® 5 et les référentiels ISO** ainsi que l'ensemble des bonnes pratiques standardisées.

5
Les fondamentaux COBIT® 5 (partie 2)

5.1 Synthèse des domaines de processus

Les éléments constitutifs des processus sont classés et identifiés en **2 grandes fonctions** :

▶ 1 domaine de gouvernance :

  ▼ Évaluer, Diriger et Surveiller (EDS).

▶ 4 domaines de gestion :

  ▼ Aligner, Planifier et Organiser (APO) ;

  ▼ Livrer, Servir et Soutenir (LSS) ;

  ▼ Bâtir, Acquérir et Implanter (BAI) ;

  ▼ Surveiller, Évaluer et Mesurer (SEM).

L'ensemble de ces 5 domaines décrit la totalité du référentiel COBIT® 5 (voir tableau 5.1).

Tableau 5.1 Les 37 processus COBIT® 5 répartis en domaines/catégories

GOUVERNANCE	
Évaluer, Diriger et Surveiller (EDS)	

EDS01	Assurer la définition et l'entretien d'un référentiel de gouvernance
EDS02	Assurer la livraison des bénéfices
EDS03	Assurer l'optimisation du risque
EDS05	Assurer aux parties prenantes la transparence

GESTION	

Aligner, Planifier et Organiser (APO)		**Livrer, Servir et Soutenir (LSS)**	
APO01	Gérer le cadre de gestion des TI	LSS01	Gérer les opérations
APO02	Gérer la stratégie	LSS02	Gérer les demandes de service et les incidents
APO03	Gérer l'architecture d'entreprise		
APO04	Gérer l'innovation	LSS03	Gérer les problèmes
APO05	Gérer le portefeuille	LSS04	Gérer la continuité
APO06	Gérer le budget et les coûts	LSS05	Gérer les services de sécurité
APO07	Gérer les ressources humaines	LSS06	Gérer les contrôles des processus d'affaires
APO08	Gérer les relations		
APO09	Gérer les accords de service		
APO10	Gérer les fournisseurs		
APO11	Gérer la qualité		
APO12	Gérer le risque		
APO13	Gérer la sécurité		

Bâtir, Acquérir et Implanter (BAI)		**Surveiller, Évaluer et Mesurer (SEM)**	
BAI01	Gérer les programmes et les projets	SEM01	Surveiller, évaluer et mesurer la performance et la conformité
BAI02	Gérer la définition des exigences		
BAI03	Gérer l'identification et la conception des solutions	SEM02	Surveiller, évaluer et mesurer le système de contrôle interne
BAI04	Gérer la disponibilité et la capacité	SEM03	Surveiller, évaluer et mesurer la conformité aux exigences externes
BAI05	Gérer le changement organisationnel		
BAI06	Gérer les changements		
BAI07	Gérer l'acceptation du changement et de la transition		
BAI08	Gérer la connaissance		
BAI09	Gérer les actifs		
BAI10	Gérer la configuration		

5.2 Synthèse sur des domaines de processus

5.2.1 Représentation de l'ensemble des modèles

COBIT® 5 définit l'ensemble des conventions. Des tableaux et des modèles types reprennent les processus, les pratiques, les entrées/sorties. De plus, des liens entre les domaines et les processus sont documentés pour décrire les différents contenus (voir figure 5.1).

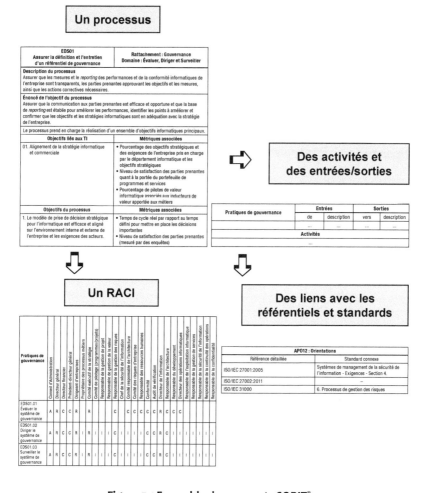

Figure 5.1 Ensemble des concepts COBIT® 5

▶ La définition du *workflow* de chaque processus ainsi que son déploiement s'appuient sur des compétences spécifiques avec une matrice des compétences qui attribue et définit les différents rôles exprimés dans la matrice RACI ;

▶ Puis les équipes compléteront les descriptions des activités I/O ou les pratiques utilisées voire les commentaires dans les différentes rubriques du référentiel COBIT® 5 ;

▶ Pour garantir la maîtrise de chaque processus, il faut identifier les capacités des différentes ressources nécessaires mais aussi maîtriser les normes applicables de COBIT® 5 concernant les référentiels et les principaux standards.

5.2.2 Représentation d'un processus

Le modèle de processus comprend des informations indispensables : les objectifs, les activités à réaliser, les pratiques génériques et/ou spécifiques. Dans ce modèle on décrit les ressources, les tableaux des modèles RACI. Dans différents tableaux, sur des niveaux de détail des activités, on reprend la description des responsabilités des acteurs et leur rattachement aux différentes structures organisationnelles, leurs différents rôles assurés à l'intérieur de l'organisation en place (voir figure 5.2).

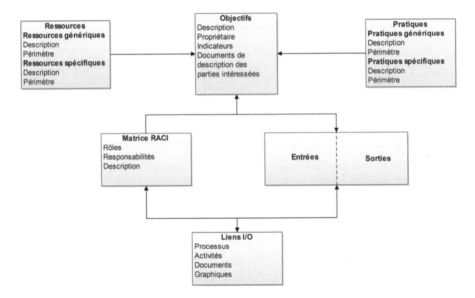

Figure 5.2 Représentation des éléments d'un processus COBIT® 5

5.2.3 Tableaux des représentations d'un processus

Voici quelques éléments qui sont définis dans la succession de tableaux. Ils permettent de présenter pour chaque processus et pour chacun des domaines de la gouvernance les éléments attendus[18] (voir tableaux 5.1 à 5.4). Parmi l'ensemble des éléments des domaines, parmi les 37 processus, je présente quelques processus clés. Les 3 principaux tableaux sont :

▶ un tableau des domaines de processus ;

▶ un tableau des rôles et des responsabilités avec la matrice RACI ;

▶ un tableau des pratiques de processus, entrées/sorties et activités.

....

18   Lien : www.isaca.org/COBIT/Documents/COBIT-5-Enabling-Processes-Introduction.pdf

◆ Un tableau des domaines de processus

Un processus est composé de l'ensemble des éléments suivants :

► la description ;

► la déclaration ;

► la prise en charge des principaux objectifs informatiques :

▼ objectifs rattachés aux IT,

▼ objectifs reliés aux métriques connexes ;

► les objectifs du processus ;

► les métriques associées.

Tableau 5.2 Description d'un processus

CODE Présentation	Rattachement Nom du domaine
Description du processus	
Énoncé de l'objectif du processus	
Le processus prend en charge la réalisation d'un ensemble d'objectifs informatiques principaux.	
Objectifs liés aux TI	**Métriques associées**
...	...
...	...
Objectifs du processus	**Métriques associées**
...	...
...	...

◆ Un tableau des rôles et des responsabilités avec la matrice RACI

Les détails sont repris dans un tableau qui reprend l'ensemble des rôles concernés par la mise en place de la démarche COBIT® 5 et les pratiques de gouvernance associées.

Pour mettre en œuvre un processus, voici les différents acteurs et la présentation de ce tableau (voir tableau 5.3). Les rôles entre les **26 pratiques de management**, les codes conventionnels seront définis avec les lettres R, A, C ou I du RACI.

Tableau 5.3 Rôles avec le modèle RACI

Pratiques de gouvernance	Conseil d'Administration	Directeur général	Directeur financier	Président-directeur général	Dirigeant d'entreprises	Propriétaire des processus métiers	Comité exécutif de la stratégie	Comité de pilotage (programmes/projets)	Responsable de la gestion de projet	Responsable de gestion de la valeur	Responsable de la gestion des risques	Chef de la sécurité de l'information	Comité responsable de l'architecture	Comité des risques d'entreprise	Responsable des ressources humaines	Conformité	Audit de vérification	Directeur de l'information	Responsable de l'architecture	Responsable du développement	Directeur des opérations informatiques	Responsable de l'exploitation informatique	Responsable de la gestion de services	Responsable de la sécurité de l'information	Responsable de la continuité des opérations	Responsable de la confidentialité
Code et présentation 1																										
Code et présentation 2																										
...																										

◆ **Un tableau des pratiques de processus, entrées/sorties et activités**

L'objectif et les buts des pratiques de gouvernance rattachées à un domaine de ce tableau est, pour chaque pratique de gouvernance et entrées/sorties (voir tableau 5.4) :

▶ d'identifier les pratiques spécifiques ;

▶ de compléter en fonction des actions à réaliser les entrées/sorties ;

▶ de définir les activités attendues.

Chaque processus possède un tableau de pratiques de gouvernance.

Tableau 5.4 Pratiques de gouvernance d'un processus

Pratiques de gouvernance	Entrées		Sorties	
	de	description	vers	description
	...	...	...	...
Activités				
...				

5.2.4 Modèle de référence global

Ce modèle de référence général met en perspective la vue globale de la démarche COBIT® 5. Il est le garant de la qualité des services fournis par l'informatique d'entreprise (voir figure 5.2). Il reprend l'ensemble des composants : domaine et processus pour réaliser un cycle de gestion.

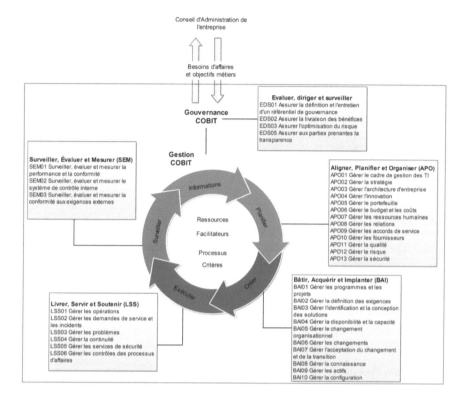

Figure 5.3 Modèle de référence globalisé de la démarche COBIT® 5

5.2.5 Les outils et *frameworks*

Le consortium ISACA met à disposition et préconise plusieurs outils qui peuvent être mis en œuvre et qui sont disponibles en partie sur le site de l'ISACA.

◆ Outils

▶ *Control objectives*

Cet outil décrit de manière détaillée les processus et leurs objectifs de contrôle.

▶ *Management Guidelines*

Cet outil décrit certains outils utilisables dans le déploiement des processus IT et leurs pilotages, en fonction des besoins particuliers, par exemple une restitution sous forme du tableau de bord équilibré de Kaplan, adapté aux IT.

▶ *Implementation Tool Set*
Pour des besoins plus spécifiques, cet outil présente de façon informelle des moyens pour sensibiliser les collaborateurs, les métiers et les Directions au référentiel COBIT® 5. Il permet de mettre en évidence des témoignages d'utilisateurs.

▶ *Audit Guidelines*
Cet outil donne des recommandations pour les auditeurs et les équipes chargées de la mise en œuvre de la gouvernance dans le système d'information. Dans un second temps, il permet d'évaluer les résultats des contrôles mis en place selon COBIT® 5.

◆ Frameworks

Le package COBIT comprend 6 publications majeures :

▶ *Executive Summary*
Cette partie offre un résumé pour les gestionnaires pressés.

▶ *Frameworks*
Cette partie présente le cadre de référence explicatif de la méthode, des domaines et processus.

▶ *Control Objectives*
Cette partie définit les objectifs de contrôle et reprend les conditions de contrôle, au nombre de 215.

▶ *Audit Guidelines*
Cette partie fournit l'ensemble des éléments pour réaliser des audits efficaces, des démarches et techniques utilisées lors des séances de préparation et d'interviews, la restitution des résultats et des constats à destination de la Direction et aux différents participants aux audits.

▶ *Implementation Tool Set*
Cette partie présente des outils pour la mise en œuvre de COBIT® 5.

▶ *Management Guidelines*
Cette partie précise les objectifs stratégiques définis par la Direction de l'entreprise ainsi que les moyens, les processus de sécurisation des informations.

La démarche COBIT® 5 aide également à auditer les domaines et à mettre en place des moyens de contrôler. Aussi, COBIT® 5 compte plus de 350 tâches correspondant aux objectifs de contrôle ou aux développements des points d'audits (cf. ISO 29100). Les référentiels ou les normes peuvent être HAZOP[19], ISO 27002, COBIT® 5 ou toute autre démarche comparable, pourvu qu'elle soit auditable et équivalente au référentiel de gouvernance COBIT® 5 (voir figure 5.3), lorsqu'un audit interne ou externe est conduit pour analyser les besoins des processus, des ressources et des critères d'accès aux informations suivant leur nature (confidentielle, avec accès limité, avec accès autorisé, avec droits attribués aux accès).

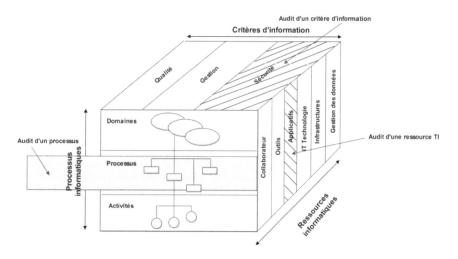

Figure 5.4 Les processus d'audit des ressources

5.3 En résumé

Ce chapitre a dégagé un certain nombre de points :

▶ Le modèle est découpé en deux catégories (gouvernance, gestion) et cinq domaines (EDS, APO, BAI, LSS, SEM) sur un total de 37 processus génériques.

▶ L'ensemble des modèles sont repris et se complètent pour détailler chacun des concepts : des processus, des activités, la matrice RACI comprenant différents liens en relation avec les référentiels existants.

▶ Un certain nombre d'outils, de guides et de *frameworks* sont proposés pour accompagner les démarches.

---

19 Utilisé par l'industrie pétrochimique pour satisfaire aux directives environnementales, HAZOP détermine les dangers potentiels de chaque composante d'une procédure et détermine la façon de traiter chaque danger.

► Des activités d'audit spécifique avec COBIT® 5 permettront à l'entreprise de préparer et de mettre en œuvre différentes catégories d'audit : des ressources, des données, des services informatiques concernés.

6
Les domaines avec COBIT® 5

6.1   Les 5 domaines et les 37 processus

L'approche COBIT®5 comprend 5 domaines et 37 processus. Il s'agit d'une version incrémentale de COBIT®5.1 essentiellement sur des expériences pratiques :

▶ des améliorations sur la partie synthèse des processus ;

▶ une présentation des objectifs et des métriques du cadre de référence ;

▶ des adaptations des définitions en relation avec les concepts essentiels. Il est important de mentionner que la définition de l'objectif de contrôle a évolué pour devenir davantage l'exposition de chaque pratique de management ;

▶ des améliorations collectées sur des objectifs à atteindre pour les contrôles qui résultent d'une mise à jour des pratiques de contrôle, avec par exemple la prise en compte des pratiques VAL IT 2.0 qui ont été développées pour les versions antérieures de COBIT mais qui sont intégrées dans COBIT®5. Certains objectifs de contrôle ont été regroupés et/ou réécrits pour éviter les redondances et rendre la liste des objectifs de contrôle plus cohérente. Il en résulte une renumérotation des objectifs de contrôles. Quelques objectifs de contrôle ont été réécrits afin de les rendre plus cohérents et d'orienter davantage les équipes vers les actions de suivi et d'amélioration continue.

La version COBIT 4.1, avec **4 domaines et 34 processus**, issue de la version 4.0, étend les processus concernés. Cependant la version 4.1 est la plus déployée aujourd'hui. La démarche COBIT s'assure que les ressources technologiques sont compatibles avec les objectifs fondamentaux de l'entreprise. Il est nécessaire que les services délivrés aux métiers et aux clients et les informations qui en découlent correspondent aux besoins de qualité, de sécurité et aux impératifs comptables et réglementaires. La démarche COBIT aide à répondre aux questions essentielles : « Quel est le bon niveau de contrôle à exercer sur les TI pour qu'elles contribuent à la réalisation des objectifs de mon système d'information ? » ou encore « Quels sont, pour chaque processus, les contrôles nécessaires et suffisants pour assurer les actions définies par la politique sécurité du RSSI ? ».

6.2 Les niveaux de la capacité des processus

6.2.1 Le guide de management

Avec les guides de management, COBIT® 5 s'intéresse à différents points que sont la mesure de la performance, le profil de contrôle des IT ou encore la sensibilisation aux multiples risques technologiques qui peuvent évoluer jour après jour. Cela rend possible des mesures comparatives. En pratique, deux guides de management existent :

▶ le guide de management de processus générique des IT ;

▶ le guide de management de la gouvernance des IT.

Le guide de management fournit des indicateurs clés d'objectif, de performance ainsi que les facteurs clés de succès. Ce document présente également le modèle de capacité alors que la version 4.1 se positionne sur les niveaux de maturité (voir tableau 6.1). Le contenu de ce guide évalue l'atteinte d'un ou plusieurs des objectifs de la capacité des processus considérés sur une échelle de 0 à 5, qui se définit comme suit :

▶ 0 : incomplet ;

▶ 1 : exécuté mais non organisé (initialisé au cas par cas ou *ad hoc*) ;

▶ 2 : géré (reproductible mais intuitif ou renouvelable) ;

▶ 3 : établi (avec une documentation) ;

▶ 4 : prévisible (surveillé et mesuré) ;

▶ 5 : en optimisation.

Le tableau des processus et des risques associés, différents des niveaux de CMMI, se présente de la manière suivante :

Tableau 6.1 Classification des niveaux de capacité des processus

Niveau de capacité	Représentation étagée du niveau de maturité	Nombre de processus par niveau de capacité
1	Exécuté	
2	Géré	
3	Établi	
4	Prévisible	
5	En optimisation	

6.2.2   Représentation des niveaux de capacité

La présentation du modèle COBIT® 5 encourage les entreprises à évoluer vers l'émergence d'une culture d'amélioration continue à l'intérieur de leurs organisations. Ce modèle soutient le développement d'une démarche systémique avec un mode de représentation de la capacité en 5 niveaux (voir tableau 2.5).

Cette représentation est reprise par la norme ISO/IEC 15504 qui fournit un cadre pour l'évaluation des processus. Ce cadre peut être utilisé par des organisations impliquées dans une partie ou l'ensemble de la planification, de la gestion, du suivi, du contrôle et de l'amélioration de l'acquisition, de la fourniture, du développement, de la mise en œuvre, de l'évolution et du soutien des produits et services.

Cette norme ISO/IEC 15504 comprend plusieurs parties, telles que :

▶ ISO/IEC 15504-2:2003 (octobre 2003). Technologies de l'information – Procédés d'évaluation – Partie 2 : exécution d'une évaluation ;

▶ ISO/IEC 15504-6:2013 (juin 2013). Technologies de l'information – Évaluation des procédés – Partie 6 : un exemple de modèle d'évaluation des procédés du cycle de vie d'un système.

Tableau 6.2 Les cinq niveaux de capacité dans un système d'information avec COBIT® 5

Niveau	État du processus	Définition	Contexte
0	Processus incomplet	Stratégie (processus ou activité) non définie ; auparavant, l'entreprise ignorait les risques potentiels liés à la gestion des risques. Par conséquent, aucune communication n'a été faite à ce sujet.	Perspective spécifique mais connaissance individuelle
1	Processus exécuté	Il apparaît que certains collaborateurs de l'entreprise ont compris que la gestion des risques était importante. Toutefois, les efforts de gestion des risques sont menés de façon *ad hoc*. Il n'existe aucun processus ni stratégie définie et le processus n'est pas entièrement renouvelable. Car généralement, s'ils ne sont pas systématisés, les projets de gestion des risques peuvent être menés de manière chaotique et désordonnée. De plus, les résultats obtenus ne sont ni évalués ni audités.	
2	Processus géré	La notion de gestion des risques doit être prise en compte dans l'entreprise. Le processus de gestion des risques est renouvelable mais inexpérimenté. Le processus n'est pas complètement défini ; toutefois, des actions sont menées régulièrement et l'entreprise s'emploie à établir un processus de gestion des risques complet impliquant des cadres supérieurs. Dans ce niveau, il n'existe aucune formation ou communication officielle concernant la gestion des risques ; la mise en place d'un processus sera faite par chaque collaborateur s'il l'estime nécessaire.	
3	Processus établi	L'entreprise a pris la décision de s'en remettre totalement à la gestion des risques pour diriger son programme de sécurité informatique. Un processus qui commence par identifier les objectifs définis et incluant des opérations formelles a été développé pour atteindre un certain niveau d'efficacité, et être capable de le mesurer. En outre, une formation élémentaire à la gestion des risques est proposée à l'ensemble du personnel. Enfin, l'entreprise met en place activement ses processus formels de gestion des risques.	Perspective d'entreprise connaissance organisationnelle
4	Processus prévisible	Sur ce niveau qui montre une réelle progression, la compréhension globale de la gestion des risques est présente à tous les niveaux de l'entreprise. Il existe des procédures de gestion des risques, le processus est clairement défini, le personnel est largement sensibilisé, une formation rigoureuse est proposée et des méthodes d'évaluation primaires sont mises en place pour mesurer l'efficacité du processus. Le programme de gestion des risques dispose des ressources suffisantes, une bonne partie de l'entreprise en bénéficie et l'équipe de gestion des risques de sécurité améliore de manière constante ses processus et ses outils. Des outils technologiques sont utilisés pour faciliter la gestion des risques, mais un grand nombre voire la plupart des procédures d'évaluation des risques, d'identification des contrôles et des analyses des coûts/bénéfices, sont effectuées encore de manière manuelle.	
5	Processus en optimisation	L'entreprise alloue des ressources importantes pour le fonctionnement de la gestion des risques de sécurité et les membres collaborateurs anticipent les problèmes et les solutions susceptibles de se présenter dans les mois et les années à venir en expérimentant. Le processus de gestion des risques est assimilé et considérablement automatisé à travers l'utilisation d'outils (développés en interne ou achetés à des distributeurs de logiciels indépendants). La cause principale pour tous les problèmes de sécurité est identifiée. Il en découle des actions appropriées, entreprises pour limiter le risque de répétition. Des formations en fonction des niveaux d'expertise demandées sont proposées aux collaborateurs. L'entreprise est en capacité de s'adapter aux changements et aux traitements des informations.	

6.3 Normes ISO/IEC 15504

La norme ISO/IEC 15504 fournit un cadre pour l'évaluation de processus, en relation avec le référentiel SPICE (*Software Process Improvement and Capability dEtermination*) dans la littérature et un groupe de travail « SPICE User Group[20] », dans le but de fournir une direction pour l'évolution de la norme et son applicabilité au sein d'un secteur de l'industrie particulier. Elle est dérivée des modèles de maturité tels que Bootstrap, Trillium et le CMMI.

La norme est répartie en 11 parties. Chaque partie constitue un document distinct et l'ensemble couvre toutes les exigences nécessaires dans la conduite de l'évaluation des processus.

Chaque partie est identifiée par un numéro et un titre, à savoir :

▶ 0. Introduction au référentiel ISO/SPICE et à son utilisation (FD Z 67-910) ;

▶ 1. Concept et vocabulaire (ISO/IEC 15504-1:2004) ;

▶ 2. Exécution d'une évaluation (ISO/IEC 15504-2:2003) ;

▶ 3. Réalisation d'une évaluation (ISO/IEC 15504-3:2004) ;

▶ 4. Conseils sur l'utilisation pour l'amélioration de processus et la détermination de capacité de processus (ISO/IEC 15504-4:2004) ;

▶ 5. Un exemple de modèle d'évaluation des procédés du cycle de vie d'un logiciel (ISO/IEC 15504-5:2012) ;

▶ 6. Un exemple de modèle d'évaluation des procédés du cycle de vie d'un système (ISO/IEC TR 15504-6:2013) ;

▶ 7. Évaluation de maturité d'organisation (ISO/IEC TR 15504-7:2008) ;

▶ 9. Profil de procédés cibles (ISO/IEC TS 15504-9:2011) ;

▶ 10. Extension de sécurité (ISO/IEC TS 15504-10:2011).

À ce jour, les parties 8 et 11 n'ont pas encore été publiées sous le statut de norme.

6.3.1 Les outils de management

Le guide du management est un ensemble de conseils. Son objectif est d'assurer l'adéquation durable entre les technologies, les processus métiers et la stratégie d'entreprise. Ce guide propose un cadre de pilotage de

---

20 Lien : http://spiceforum.ning.com

type tableau de bord équilibré (ou *Balanced Scorecard*) pour obtenir une évaluation. Nous sommes ici tout à fait dans le cadre de la gouvernance du SI. On trouve dans le guide de management un modèle de maturité sur une échelle à 5 degrés, le niveau d'évolution de chacun des processus. Il intègre les éléments pour identifier les principaux facteurs de succès et des indicateurs clés de performance.

6.3.2 Référentiels complémentaires

D'autres référentiels peuvent contribuer en complément aux outils de management, tels que la loi Sarbanes-Oxley[21] de 2002 pour la gouvernance et le référentiel COSO[22] (*Committee Of Sponsoring Organizations of the Treadway Commission*) avec son *framework* ERM (*Enterprise Risk Management*), pour des contrôles internes en relation avec la norme ISO 31000:2018 « Management du risque – Lignes directrices ».

6.4 En résumé

Ce chapitre a mis en évidence :

▶ le découpage en **2 fonctions (gouvernance, gestion)** avec les cinq domaines (EDS, APO, BAI, LSS, SEM) contenant 37 processus génériques ;

▶ le **modèle de capacité** fondé sur l'ISO/IEC 15504, classant l'ensemble des 37 processus du référentiel COBIT® 5 en 6 niveaux de capacité ;

▶ la présentation synthétique de la norme ISO/IEC 15504 et des référentiels complémentaires ;

▶ l'échelle de processus, passant par les niveaux suivants : exécuté, géré, établi, prévisible jusqu'au niveau du processus en optimisation.

---

21 Lien : http://news.findlaw.com/cnn/docs/gwbush/sarbanesoxley072302.pdf
22 Lien : www.coso.org/Pages/default.aspx

7
Les fondamentaux COBIT® 5 (partie 3)

7.1 Points importants du modèle COBIT® 5

Les caractéristiques importantes du modèle COBIT de référence de la gouvernance dans l'entreprise sont les suivantes :

► identifier les meilleures pratiques, les processus, les rôles et les livrables à mettre en place ;

► évaluer le niveau de capacité atteint par la DSI et les métiers ;

► définir une démarche globale de gouvernance ;

► mettre en place une démarche de qualité.

7.2 Modèle global de référence

7.2.1 Gestion de la capacité

L'approche résumée et détaillée de la capacité des processus est présentée en figure 7.1. Sont mises en évidence les relations entre les principaux éléments : les attributs de capacité, les niveaux et les modes d'évaluation des processus en termes d'indicateurs de performance et de capacité. Pour cela, on utilise des indices qui font référence au niveau de la capacité de chaque processus : processus (i ; y). L'indice « i » fait référence au niveau du modèle de référence et l'indice « y » correspond au nombre de pratiques identifiées (1 à *n*).

Il est fondamental de bien comprendre que les pratiques définies dans le référentiel COBIT® 5 déterminent des objectifs à atteindre et non les solutions pour les atteindre. En d'autres termes, ce sont des « quoi » et pas des « comment ».

Pour chaque pratique de gestion et de gouvernance, COBIT® 5 spécifie, d'une part, les informations en sortie de la pratique, avec leur destination et, d'autre part, les informations en entrée de la pratique, avec leur origine.

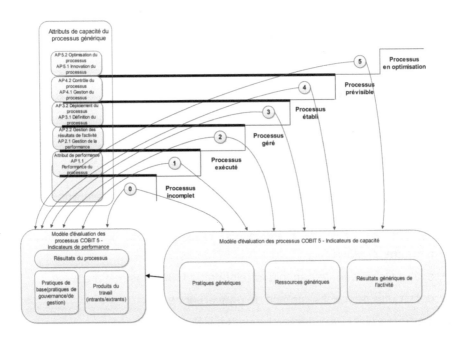

Figure 7.1 Modèle résumé de la capacité

Un processus peut atteindre au maximum 6 niveaux de capacité. Dans le cas où l'on commence par le niveau 0 « processus incomplet », les pratiques en place ne permettent pas de réaliser les objectifs attendus – jusqu'au niveau 5 « processus en optimisation ».

Chaque niveau correspond à un nombre d'attributs et une description générale des pratiques génériques. Le tableau 7.1 reprend les éléments importants de la figure 7.1 pour définir chaque niveau de la capacité.

Tableau 7.1 Niveau de capacité des processus

Niveau	État du processus	Nombre d'attributs du processus	Description générale des pratiques
0	Processus incomplet	0	Le processus n'est pas mis en œuvre ou ne parvient pas à réaliser la fonction désirée. À ce niveau, il y a peu de preuves, voire aucune, que l'objectif du processus est atteint systématiquement.
1	Processus exécuté	1	Le processus mis en œuvre réalise la fonction désirée.
2	Processus géré	2	Le processus exécuté décrit précédemment est maintenant mis en œuvre et bien géré (planifié, surveillé et ajusté), et ses résultats sont conformes et établis, contrôlés et maintenus.
3	Processus établi	2	Le processus géré décrit précédemment est maintenant mis en œuvre selon une procédure définie qui permet l'atteinte des résultats souhaités.
4	Processus prévisible	2	Le processus établi décrit précédemment fonctionne maintenant selon des limites définies qui assurent l'atteinte des résultats souhaités.
5	Processus en optimisation	2	Le processus prévisible décrit au niveau précédent est amélioré continuellement afin d'atteindre les objectifs d'affaires adaptés, actuels et prévus.

Bien que le nombre de niveaux soit le même, le tableau des niveaux de capacité avec COBIT® 5 est aligné sur ISO/IEC 15504. Il existe une différence entre COBIT® 5 et COBIT 4. Alors que COBIT® 5 décrit les niveaux de capacité des processus, COBIT 4 définit les niveaux du modèle de maturité.

✐ Exemples

Par exemple, COBIT® 5 sur le niveau 1 rassemble les 2 niveaux (1 et 2) de COBIT 4. Le niveau 2 avec COBIT® 5 est un niveau qui n'a pas de correspondance directe avec COBIT 4. Voir ISO/IEC 15504-5:2012 Technologies de l'information – Évaluation des procédés – Partie 5 : Un exemple de modèle d'évaluation des procédés du cycle de vie d'un logiciel. Chaque niveau de capacité ne peut être atteint que lorsque les critères du niveau précédent sont entièrement satisfaits.

Par exemple, une capacité de niveau 3 (processus établi) exige que les attributs de définition et de déploiement du processus soient satisfaits en grande partie, en plus de la satisfaction complète des attributs d'une capacité de niveau 2 (processus géré).

Il existe une distinction importante entre le niveau de capacité 1 et les niveaux supérieurs qui comprennent plusieurs attributs.

L'atteinte du niveau 1 exige que les attributs de performance du processus soient satisfaits en grande partie, ce qui signifie concrètement que le processus est exécuté avec succès et que l'entreprise obtient les résultats souhaités. Quant aux niveaux de capacité supérieurs, différents attributs s'ajoutent.

Selon ce modèle d'évaluation, l'atteinte du niveau de capacité 1, même sur une échelle de 5, constitue déjà une réalisation importante pour une entreprise.

Mentionnons que par souci de rentabilité et de faisabilité, chaque entreprise décidera de son niveau cible ou attendu ; on ne commencera pas sur des niveaux élevés.

Les distinctions les plus importantes entre une évaluation des capacités fondée sur ISO/IEC 15504[23] et le modèle de maturité de COBIT 4.1 (ainsi que les modèles de maturité par domaines semblables Val IT et Risk IT) se résument comme suit :

► Les noms et les significations des niveaux de capacité définis dans ISO/IEC 15504 sont assez différents des niveaux de maturité des processus de COBIT 4.1 actuels ;

► Dans ISO/IEC 15504, les niveaux de capacité sont définis par un ensemble de 9 attributs. Ces attributs recoupent en partie les domaines couverts par les attributs de maturité ou processus de contrôle de COBIT 4.1, mais seulement dans une certaine mesure, et de façon différente ;

► Les exigences relatives à un modèle de référence des processus en conformité avec la norme ISO/IEC 15504:2 impliquent que pour tout processus à évaluer, c'est-à-dire tout processus de gouvernance ou de gestion de COBIT® 5, la description doit :

▼ énoncer clairement l'objectif et les résultats du processus,

▼ ne contenir aucun aspect du référentiel de mesure au-delà du niveau 1, ce qui veut dire qu'aucune caractéristique d'un attribut au-delà du niveau 1 ne peut figurer dans une description de processus. Le fait qu'un processus soit mesuré et surveillé ou décrit formellement ne peut être inclus ni dans la description du processus ni dans les pratiques ou activités de gestion énoncées *infra*. Cela signifie que les descriptions telles qu'elles sont présentées dans COBIT® 5 (Processus facilitants) ne contiennent que les étapes nécessaires à la réalisation des buts et des objectifs du processus.

....

23 Pour plus de renseignements sur ISO/IEC 15504, voir : www.isaca.org/cobit-assessment-programme

▶ En conséquence de ce qui précède, on voit que les attributs communs applicables à tous les processus d'entreprise, qui ont produit les objectifs de contrôle redondants dans la publication COBIT® 5 3ᵉ édition, qui étaient regroupés sous les objectifs du processus de contrôle (PC) dans COBIT 4.1, sont maintenant définis dans les niveaux 2 à 5 du modèle d'évaluation.

7.2.2   Gestion des attributs

Les attributs de capacité des processus avec COBIT® 5 sont au nombre de 9. On voit que COBIT® 5 étend de façon plus large les attributs de capacité (en gris, les attributs de maturité de COBIT 4) pour un niveau identique de maturité COBIT® 5 (voir tableau 7.2).

Tableau 7.2 Comparaison entre les attributs de maturité COBIT® 4 et les attributs de processus COBIT® 5

Attributs de maturité COBIT® 5/COBIT® 4.1	Attributs de capacité des processus COBIT® 5								
	Performance du processus	Gestion de la performance	Gestion des résultats d'activité	Définition du processus	Déploiement du processus	Gestion du processus	Contrôle du processus	Innovation du processus	Optimisation du processus
Sensibilisation et communication									
Politiques, plans et procédures									
Outils et automatisation									
Compétences et expertise									
Responsabilité et approbation									
Établissement et mesure des objectifs									

7.3   Modes d'évaluation de la capacité des processus

7.3.1   Principes de l'évaluation

La norme ISO/IEC 15504 précise que les évaluations de la capacité des processus peuvent être exécutées pour différentes fonctions et avec différents degrés de mise en œuvre. Les fonctions peuvent être internes, c'est-à-dire concentrées sur la comparaison entre secteurs de l'entreprise. On prendra alors en compte l'amélioration des processus en vue d'obtenir des bénéfices internes ou externes et axer les fonctions sur l'évaluation formelle, les rapports et la certification.

L'approche d'évaluation de COBIT® 5, basée sur ISO/IEC 15504, soutient les objectifs suivants, qui sont des éléments clés de l'approche de COBIT depuis 2000 :

► permettre au groupe de gouvernance et à la Direction d'établir des jalons quant à la capacité des processus ;

► accepter des vérifications de l'état actuel vers un état cible afin d'appuyer la prise de décisions quant aux investissements consentis par le groupe de gouvernance et la Direction pour améliorer les processus ;

► fournir une analyse des écarts et l'information de planification des améliorations pour justifier de la définition des projets d'amélioration retenus ;

► fournir au groupe de gouvernance mais aussi à la Direction des notes d'évaluation permettant de mesurer et de contrôler les capacités actuelles.

7.3.2   Mise en place de l'évaluation

Pour définir une évaluation sur chaque niveau, selon le modèle de capacité des processus de COBIT® 5, l'auditeur doit vérifier l'atteinte des objectifs (voir tableau 7.3).

L'évaluation fait la distinction entre le niveau de capacité 1 et les niveaux supérieurs. En effet, comme décrit précédemment, le niveau de capacité 1 indique si un processus atteint l'objectif désiré. Il s'agit donc d'un niveau crucial à atteindre, car il établit les bases de l'atteinte des niveaux supérieurs.

► La vérification de la réalisation des objectifs, c'est-à-dire l'atteinte du niveau 1, peut être réalisée en vérifiant les résultats des processus tels qu'ils figurent dans les descriptions détaillées de chaque processus, avec l'échelle de notation ISO/IEC 15504, pour attribuer une évaluation indiquant le niveau de réalisation de l'objectif. L'échelle se compose des éléments suivants (voir tableau 3.3) :

▼ N (non réalisé) : il existe peu de preuves, voire aucune, de la réalisation de l'attribut défini dans le processus évalué.(0 % à 15 % de réalisation) ;

▼ **P** (partiellement réalisé) : il existe certaines preuves d'une approche quant à l'attribut défini dans le processus évalué ainsi que de la réalisation partielle de cet attribut. Certains aspects de la réalisation de l'attribut peuvent être imprévisibles (15 % à 50 % de réalisation) ;

▼ **G** (grandement réalisé) : il existe des preuves d'une approche systématique quant à l'attribut défini dans le processus évalué ainsi que de la réalisation significative de cet attribut. Certaines faiblesses liées à l'attribut peuvent apparaître dans le processus évalué (50 % à 85 % de réalisation) ;

▼ **C** (complètement réalisé) : il existe des preuves d'une approche complète et systématique quant à l'attribut défini dans le processus évalué ainsi que de sa réalisation complète. Aucune anomalie majeure liée à l'attribut n'existe dans le processus évalué (85 % à 100 % de réalisation).

► De plus, les pratiques (de gouvernance ou de gestion) liées au processus peuvent être évaluées selon la même échelle de notation qui correspond au degré auquel les pratiques de base sont appliquées.

► Afin de préciser l'évaluation, les livrables résultants peuvent aussi être pris en considération dans le but de déterminer à quel point un attribut d'évaluation a été réalisé.

Tableau 7.3 Évaluation des objectifs de chaque processus

Évaluation de réalisation	N	P	G	C
Pourcentage à prendre en compte	0 % à 15 %	15 % à 50 %	50 % à 85 %	85 % à 100 %

Il faut considérer que les entreprises sont libres de décider des niveaux de capacité à atteindre. En règle générale, les entreprises souhaiteront que leurs processus atteignent une capacité de niveau 1 (autrement, quelle serait l'utilité de tous ces processus ?). Si ce niveau n'est pas atteint, les raisons en sont tout à fait évidentes, étant donné le mode d'évaluation, et un plan d'amélioration devrait être défini en accord avec la gouvernance d'entreprise :

► Si un résultat de processus est obligatoire et qu'il n'est pas réalisé de façon régulière, le processus n'atteint pas son objectif. Par conséquent, il doit être amélioré.

► L'évaluation des pratiques liées au processus permettra de vérifier quelles sont celles qui manquent ou échouent, ce qui permet d'appliquer ou d'améliorer ces pratiques à mettre en place pour ensuite revenir sur les résultats attendus du processus.

Pour des niveaux supérieurs de la capacité des processus, on se base sur les pratiques génériques issues de la norme ISO/IEC 15504:2. Elles fournissent des descriptions génériques pour chacun des niveaux de la capacité.

De cette façon, COBIT® 5 permet d'auditer tout le système d'information (infrastructure, organisation, rôles et responsabilités, sécurité et risques) en mesurant la performance de l'IT sur 3 niveaux : les activités, les processus et l'atteinte des objectifs IT pour évaluer la maturité des processus informatiques.

7.4 Comité de gouvernance

L'organisation du comité (entreprise, financier, SI, production, etc.) dépend de sa composition (actionnaire, opérationnel, fonctionnel, manager...) qui comprend différentes tendances où se caractérisent les enjeux de pouvoir. Différents modes d'organisation sont possibles, depuis un comité représentatif de toutes les tendances où va s'exercer la prise de décision jusqu'à un comité plus ou moins consensuel qui propose des engagements mais où la décision effective dépend du président.

7.4.1 Modes de fonctionnement

Le comité peut fonctionner comme un Conseil d'Administration – avec un président, des actionnaires et des représentants fonctionnels, techniques. On trouve parfois un Conseil d'Administration et un comité de gouvernance distinct chargé du pilotage. Bien sûr, chaque mode d'organisation a ses avantages et ses insuffisances en fonction de la stratégie des participants.

✎ À noter

Les modes d'organisation anglo-saxons sont plus consensuels et démocratiques, ceux d'Europe du Nord sont plus restreints tandis qu'en Europe centrale, des modes mixtes ou plus ou moins limités existent. On peut observer des comités qui sont élus et dans lesquels un mode de cooptation des participants est de fait défini. Le fonctionnement et les décisions sont choisis à l'unanimité ou décidés dans la majorité des situations au préalable par le président du Conseil d'Administration.

7.4.2 Modes de fonctionnement

L'organisation du comité de gouvernance reproduit sur ce niveau les règles du pouvoir, les structures, les modes de décision de l'entreprise.

Des fonctions complémentaires interviennent parfois au niveau du comité de gouvernance pour le développement des compétences en conseil et de l'ingénierie informatique autour de solutions décisionnelles et de planification de la gouvernance.

☞ Exemple

Vous cherchez à mettre en place la gouvernance d'entreprise de l'informatique sur le long terme. Rattaché au directeur d'un pôle gouvernance, le rôle reviendra à la structure impliquant les niveaux de gestion existants dans l'entreprise : les dirigeants, les auditeurs IT/IS, les auditeurs internes et les managers IT, la sécurité de l'information et le gestionnaire IT, les consultants, les responsables IT/IS.

Dans ce cas, il est nécessaire :

> d'assurer le développement commercial des principales activités ainsi que les supports avant-vente, réseaux, séminaires, clients et prospects, etc. ;

> d'intervenir sur des missions de conseil, les pilotages opérationnels et financiers ;

> d'assurer le suivi des fournisseurs ;

> de prendre en charge les missions d'intégration : mise en œuvre de solution de planification.

Les interlocuteurs au niveau de la gouvernance seront principalement la Direction financière, les contrôleurs de gestion, la Direction générale et ses DSI, le Conseil d'Administration, le conseil de gouvernance.

7.5 Gérer les changements

Pour s'adapter aux changements, il sera nécessaire d'anticiper les besoins des métiers, les adaptations technologiques, l'amélioration des processus, le plan de sécurité et de déploiement ou les évolutions professionnelles modifiant l'existant. L'entreprise devra faire face à différents changements internes mais aussi parfois à des changements externes pour s'adapter aux marchés des clients, aux législations ou dans certains cas aux contraintes géographiques.

7.5.1 Nature des changements

Le référentiel COBIT® 5 propose une démarche de changement pour améliorer les services délivrés aux métiers. Les changements sont multiples. Durant ces dernières années, les entreprises et leurs métiers ont subi une transformation radicale. Il est donc clair que leurs besoins de services ont énormément changé. Les attentes des métiers sont très différentes aujourd'hui de ce qu'elles étaient il y a quelques années. Les risques auxquels tout service IT est exposé ont également évolué. L'environnement technologique subit des bouleversements encore jamais vus auparavant, à une cadence très rapide.

⟡ Exemple

Citons les changements, y compris la maintenance et les correctifs d'urgence, concernant l'infrastructure et les applications de l'environnement de production, qui sont gérés et contrôlés de façon formelle.

Les changements, y compris ceux relatifs aux procédures, processus, paramètres systèmes et services, sont enregistrés dans un fichier, évalués et autorisés avant mise en place, et confrontés aux résultats attendus dès leur mise en œuvre. Cela réduit les risques aux conséquences négatives pour la stabilité ou l'intégrité sur les différents environnements de production ou de pré-production.

La mise en place d'une solution de démarche d'amélioration continue (voir figure 7.2) peut être obtenue par l'engagement des parties intéressées, par exemple :

▶ par un investissement pour convaincre les intervenants ou bien obtenir du temps de la part des dirigeants afin de communiquer avec les collaborateurs et répondre plus précisément aux attentes ;

▶ ou encore, lorsque cela est encore temps, en faisant respecter la conformité sous forme d'investissement dans les processus de gestion, de surveillance et de mises en production dans les activités de gouvernance.

7.5.2   Les 7 étapes du cycle de vie

Détaillons chacune des étapes de l'amélioration continue pour une gouvernance efficace.

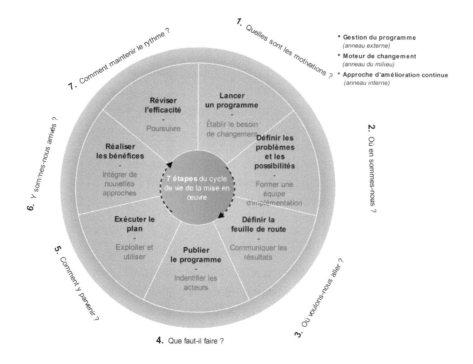

Figure 7.2 Les sept étapes du cycle de vie de la mise en œuvre

◆ Étape 1

L'amélioration commence par le constat des besoins prospectifs d'améliorations puis de mise en œuvre. Pour cela, au niveau du comité de gouvernance, on recherche les consensus nécessaires sur la démarche de changement. L'étape identifie les points sensibles et les leviers actuels. Il s'agit de créer une forte motivation d'acceptation des changements auprès de la Direction générale.

◆ Étape 2

Cette étape se concentre sur la définition de la portée de l'initiative de mise en œuvre ou d'amélioration, en se servant de COBIT®5 par rapport aux objectifs d'entreprise et à ceux liés aux IT et aux processus IT connexes, et en prenant en compte des scénarii (plans de risques, plans d'affaires) qui pourraient également mettre en évidence des processus clés spécifiques au niveau des métiers.

Pour cela, des diagnostics de haut niveau peuvent s'avérer utiles pour cerner le périmètre et comprendre les domaines à prioriser.

L'évaluation de l'état actuel doit ensuite être effectuée, de même qu'une évaluation de la capacité du processus pour identifier les contraintes et les difficultés, les lacunes ou les dysfonctionnements. Les initiatives plus larges devront être structurées sous forme d'itérations multiples du cycle de vie.

△ Attention

Pour toute initiative de mise en œuvre s'échelonnant sur plus de six mois, on peut observer une résistance aux changements, d'où des risques d'écarts qui portent sur les résultats attendus ou les éléments de démotivation des parties intéressées.

◆ Étape 3

Cette étape consiste à définir des cibles d'amélioration, puis une analyse détaillée tirant parti des orientations de COBIT pour repérer des lacunes et définir des solutions possibles. Certaines solutions peuvent produire des résultats immédiats, alors que d'autres peuvent être plus complexes voire à plus long terme. La priorité doit être accordée aux changements faciles à appliquer et dont la valeur ajoutée commerciale ou interne sera maximale.

◆ Étape 4

Cette étape vise à cerner des solutions pratiques en définissant des projets appuyés par des dossiers métiers et des cas d'utilisations à des coûts acceptables.

Un plan de changement est également élaboré pour la mise en œuvre. Il peut s'agir aussi d'un dossier d'affaires consolidé qui contribue à s'assurer que les bénéfices et les objectifs du projet sont définis et surveillés.

◆ Étape 5

Les solutions proposées sont appliquées aux pratiques quotidiennes durant cette étape. Il est possible de définir les mesures et d'établir une surveillance avec des objectifs et des indicateurs de COBIT® 5, afin d'assurer l'atteinte et le maintien de l'alignement d'affaires et afin que la performance puisse être mesurée. La réussite nécessite une participation et l'engagement actif de la Direction générale ainsi que son appropriation par les parties intéressées des métiers et des IT impliquées.

◆ **Étape 6**

Cette étape est axée sur l'exploitation durable des nouveaux leviers qui doivent être améliorés ainsi que des pratiques de surveillance pour l'atteinte des résultats vérifiables sur le terrain : rentabilité, efficacité, délais, coûts, projets.

◆ **Étape 7**

La réussite globale des initiatives d'amélioration mises en œuvre fait l'objet d'une revue post-changements. Existe-t-il des exigences supplémentaires en matière de gouvernance et de gestion des IT ? Faudra-t-il procéder à des ajustements ? Les éléments de l'entreprise sont-ils identifiés ? Y a-t-il d'autres besoins exprimés d'amélioration continue ?

Au fil du temps, ce cycle de vie doit être répété pour apporter une démarche durable et systématique quant à la gouvernance et à la gestion des IT de l'organisation.

7.6 En résumé

Ce chapitre a détaillé la troisième partie des fondamentaux du modèle COBIT® 5, à savoir :

▶ les points forts relatifs au modèle COBIT® 5 ;

▶ le modèle de référence complété avec la gestion de la capacité des processus et la présentation des attributs ;

▶ l'évaluation des processus avec les 5 niveaux et leurs pratiques génériques, définies par leurs éléments descriptifs ;

▶ la comparaison entre le modèle de la capacité des processus COBIT® 5 et les niveaux du modèle de maturité COBIT® 4 ;

▶ les grands principes de la gouvernance et leurs modes de fonctionnement ;

▶ les 7 grandes étapes nécessaires pour mettre en œuvre les conduites de changements efficaces.

8
Gestion des risques

8.1 Comprendre le positionnement des risques

La nécessité d'avoir un cadre de référence avec COBIT®5 en matière de sécurité et de contrôle des TI nécessite de mettre en place une gestion des risques. La gestion des risques s'appuie sur le référentiel ISO mais aussi sur des pratiques comme M_o_R® (*Management of Risk)*.

L' ISO/Guide 73:2009 « Management du risque – Vocabulaire » définit les termes génériques relatifs au management du risque. Son but est d'encourager une compréhension commune homogène et une approche cohérente de la description des activités relatives au management du risque, ainsi qu'une utilisation uniforme de la terminologie du management du risque dans les processus et sur les périmètres organisationnels concernés.

Ce guide s'applique :

▶ aux différents responsables (hiérarchiques, opérationnels, qualité) du management des risques ;

▶ aux collaborateurs impliqués dans les activités de normalisation ISO et IEC : auditeurs, responsables sécurité, experts ;

▶ aux consultants chargés de rédiger des normes, guides, procédures et codes de bonnes pratiques relatives au management du risque, soit spécifiques à un secteur, soit sur une échelle plus étendue.

Concernant les principes et lignes directrices du management du risque, ISO 31000:2018 constitue le document guide de référence, mais n'a pas vocation à servir de base à une certification.

8.2 COBIT® 5 et sécurité de l'information

Le référentiel COBIT® 5 s'appuie sur la notion de risque de l'ISO/ Guide 73:2009) mais aussi, en fonction des domaines, sur des normes spécifiques.

Prenons en compte la notion de risque.

ⓘ **Définition**

Le risque est la combinaison de la probabilité et des conséquences d'un évènement (voir ISO/Guide 73:2009).

La notion de risque prend en compte l'ensemble des éléments à la fois fonctionnels, applicatifs, relatifs aux données. L'ensemble est représenté par les actifs, les systèmes qui interviennent dans les infrastructures des systèmes d'information en place (serveurs, routeurs, bases de données, applicatifs, internes, protocoles réseaux...).

Pour cela, il faut définir la notion d'actif. Un actif est un bien (*asset*, en anglais) qu'il faut protéger de façon adaptée quelle que soit sa forme (écrite ou orale, électronique ou visuelle...) ou son support. La notion de « patrimoine informationnel » est parfois employée.

Le système d'information est constitué de l'ensemble de l'information et des moyens techniques, organisationnels, humains, tant matériels qu'immatériels incluant :

▶ les bâtiments internes ou externes et des collaborateurs ;

▶ l'ensemble des systèmes informatiques ;

▶ les réseaux informatiques.

Le système informatique est donc une sous-partie du système d'information traitant l'information numérique.

8.2.1 Les enjeux de la sécurité

Pour identifier un niveau de sécurité[24], on prend en compte les éléments suivants :

▶ l'absence de risque inacceptable ;

▶ le risque ;

▶ la combinaison de la probabilité d'occurrence d'un dommage et de sa gravité ;

▶ l'acceptation du risque ;

▶ la décision d'accepter un risque ;

▶ l'acceptation du risque, dépendant des critères de risque.

La sécurité consiste à déterminer les actifs à prendre en compte puis à déterminer les modes de traitement :

Actifs > Risques > Traitement du risque

La sécurité de l'information et des données traite généralement quatre caractéristiques de risque[25] pour la sécurité avec le sigle DICA (Disponibilité, Intégrité, Confidentialité et Auditabilité ; voir figure 8.1) :

▶ D (disponibilité) : propriété d'une information d'être accessible et utilisable à la demande par une entité autorisée ;

▶ I (intégrité) : propriété qui caractérise le niveau de protection de l'exactitude et de l'exhaustivité des actifs.

▶ C (confidentialité) : propriété d'une information qui n'est ni rendue disponible, ni divulguée aux personnes, aux entités ou aux processus non autorisés.

À cette triade, on ajoute une autre exigence :

▶ A (auditabilité ou preuve ou traçabilité ou signature), exigence qui :

▼ prouve qu'une information a été délivrée,

▼ se prolonge par la notion de « non répudiation ».

---

24 Source : ISO/Guide 73:2009. Lien : www.boutique.afnor.org
25 Source : ISO/IEC 13335:2008, remplacée par ISO/IEC 27000.

Figure 8.1 Triade des concepts de sécurité (source : Ljean, Wikipédia CC)

8.2.2   Définir les menaces

Il est impossible de connaître à l'avance toutes les causes possibles de menaces et les contre-mesures à mettre en œuvre car chaque semaine, de nouvelles formes de menaces sont découvertes.

✍ Définition

Pour l'ISO, une menace est une cause potentielle de dommages causés à un système ou à une entreprise (ISO/IEC 13335-1:2004) [26].

Voici un premier classement de ces causes potentielles :

▶ les accidents :
  ▼ dysfonctionnements matériels,
  ▼ pannes aléatoires ou systématiques,
  ▼ événements naturels (inondation, incendie, tremblement de terre, éruption) ;

▶ les erreurs :
  ▼ mauvaise utilisation ou usage erroné,
  ▼ mauvaise conception des applications ou des architectures ;

▶ les malveillances :
  ▼ substitution, vol d'information soit interne ou externe par des tiers et/ou des collaborateurs,
  ▼ fraude, sabotage,
  ▼ attaques : intrusion logique, intrusion physique, *ransonware*.

....

26   Lien : https://clusif.fr

Les menaces causent une perte de confidentialité ou de données rendant indisponibles les accès ou les données.

✍ Exemples d'affaires récentes

> L'affaire « Kerviel » : manipulations financières sur des marchés créant un préjudice de 4,9 milliards d'euros pour la Société Générale. Il s'agit de savoir s'il y a eu fraude, complaisance ou faiblesse du contrôle interne.

> L'Estonie est bombardée par des attaques informatiques massives sur ses sites gouvernementaux et bancaires. Des représailles russes suite au retrait des monuments à la gloire de l'Armée Rouge ?

> La disparition de CD contenant les données personnelles et privées de plusieurs millions de retraités de l'armée américaine. Ont-ils été égarés, vendus ou volés ?

> Le blocage de la mairie de San Francisco, victime du chantage d'un administrateur du réseau voulant dénoncer les faiblesses de la sécurité interne et menaçant de bloquer les services municipaux. S'agit-il de psychose ou de résistance ?

> Le démantèlement de réseaux de cybercriminels européens en Roumanie et en France, réseaux organisés dans des actions de *phishing* (hameçonnage ou filoutage) à grande échelle. [27]

Pour chaque type de menace, il est possible d'évaluer et de calculer la notion de risque en qualifiant le risque comme directement proportionnel au préjudice et à sa probabilité d'occurrence sur une échelle de valeur. On attribue une valeur entre 0 et 5 pour le niveau de risque et pour la probabilité d'occurrence d'un préjudice. Le produit des deux représente le poids global de chaque menace. L'établissement d'un tableau de synthèse permet ensuite de classer l'ensemble des menaces identifiées sur un tableau des risques (voir figure 8.2).

✍ Exemple

En 2009, un ver répondant au nom de Koobface aurait infecté les réseaux communautaires, ce qui aurait poussé Microsoft et Facebook à agir de concert. Selon *PC World* : « Les personnes affectées par le ver ne peuvent plus accéder à leur compte Facebook, celui-ci se transformant en une nouvelle passerelle de diffusion. » Jeff Williams, qui s'occupe de la protection contre les *malwares* de Microsoft, a posté un billet sur le blog officiel de Facebook pour alerter ses utilisateurs.

----

27 Lien : https://www.cigref.fr/cigref_actualites/ActualitesContainer/Controle_interne_du_SI_Assises_Securite_2009.pdf

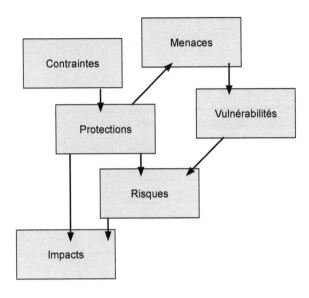

Figure 8.2 Relation entre les menaces et la sécurité

8.3   Les méthodes d'analyse des risques

8.3.1   Principales méthodes

Différentes méthodes d'analyse des risques sur le système d'information existent. Voici les quatre principales méthodes d'évaluation disponibles au niveau mondial :

▶ la méthode EBIOS (Expression des besoins et identification des objectifs de sécurité), développée par la DCSSI ;

▶ la méthode MEHARI (Méthode harmonisée d'analyse des risques), développée par le CLUSIF ;

▶ la méthode MARION[28] (Méthode d'analyse des risques informatiques opérationnels par niveaux) et MELISSA sur la vulnérabilité ;

▶ la méthode OCTAVE (*Operationally Critical Threat, Asset, and Vulnerability Evaluation*), développée par l'Université de Carnegie Mellon (États-Unis) ;

▶ la méthode M_o_R® (*Management of Risk*). Les pratiques[29] abordent les risques auxquels fait face une organisation au niveau de la stratégie, du programme, du projet et au niveau opérationnel. Elle consiste à :

28   Sur ce point, voir Alphonse Carlier, *Stratégie Appliquée à l'Audit des SI* (3ᵉ édition), Hermès Lavoisier, Paris, 2006.

29   Lien : www.hm-treasury.gov.uk/media//7B1D9/risk_management_assessment_070104.pdf

▼ définir les principes clés d'une gestion des risques efficace,

▼ appliquer les composants principaux du processus de management des risques M_o_R®,

▼ savoir comment gérer les risques au niveau stratégique, au niveau du programme et du projet, et au niveau opérationnel,

▼ identifier les techniques utiles dans les différentes étapes du processus de gestion des risques ;

► enfin, la société MITRE, qui travaille pour le DOD, Département de la Défense des États-Unis, a développé en 1998 une méthode d'évaluation des menaces et des vulnérabilités appliquée à l'industrie aérospatiale, et pouvant être généralisée aux infrastructures critiques : NIMS (*NAS Infrastructure Management System* – NAS signifiant *National AeroSpace*).

Même si le but de ces méthodes est identique, les termes et les expressions utilisés peuvent varier. Ceux qui sont utilisés ci-dessous sont globalement inspirés de la méthode FEROS (Fiche d'expression rationnelle des objectifs de sécurité).

Paradoxalement, dans les entreprises, la définition d'indicateurs « sécurité du SI » mesurables, pertinents, permettant de définir ensuite des objectifs dans le temps, raisonnables à atteindre, s'avère délicate, mais COBIT®5 propose des indicateurs pertinents. S'il s'agit d'indicateurs de performances, on peut désigner comme indicateurs les états d'installation d'outils ou de procédures, mais les indicateurs de résultats sont plus complexes à définir et à apprécier – à preuve ceux sur les « alertes virales ».

Les risques doivent être couverts par des démarches de prévention et des niveaux de sécurité définis par la gouvernance dont la mise en œuvre sera supérieure aux agressions rencontrées (voir figure 8.3) qui peuvent être :

► des défaillances intrinsèques : défaut du logiciel, panne matérielle... ;

► des agressions extérieures : environnement physique (eau, incendie, tremblement de terre, catastrophe, explosion), environnement humain (fraude, divulgation, détournement).

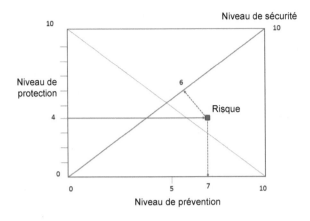

Figure 8.3 Abaque d'évaluation du niveau de protection des risques

8.3.2 Gestion de la sécurité : croissance exponentielle des investissements

Le marché de la sécurité informatique en France a atteint 2,5 milliards d'euros en 2017[30], avec les nouvelles infrastructures, les antivirus, la complexification des réseaux d'entreprise, les systèmes virtualisés et modèles partagés des systèmes d'information vers l'extérieur, la messagerie, les applications coopératives. De nouvelles offres de sécurité apparaissent, *open source* ou solutions propriétaires des constructeurs, dans un marché en développement avec un nombre croissant d'acteurs.

8.4 La norme ISO/IEC 27002:2013

La norme ISO/IEC 27002:2013 remplace la norme ISO/IEC 17799:2005, elle-même issue de la norme anglaise BS 7799:1995. Elle constitue un code de bonnes pratiques pour la gestion de l'information. Il est à noter que dans la série ISO/IEC 27000, la norme certifiable est l'ISO/IEC 27005 sur les spécifications pour un ISMS (*Information Security Management System*, système de gestion de la sécurité de l'information). En effet, le schéma de certification permet aux entreprises qui ont été référencées sur cette norme d'apporter des preuves réelles de moyens de sécurisation. Autrement dit, lorsqu'un client traite avec cette entreprise, ses informations sont gérées de manière sécurisée grâce à un certain nombre de techniques mises en œuvre.

....

30   Source : IT for Business.

Sur ce point, voir ISO/IEC 17799:2005 « Technique de sécurité – Code de bonne pratique pour la gestion de la sécurité de l'information ».

8.4.1 Description des chapitres de la norme

La norme propose plus d'une centaine de mesures qui sont décrites et réparties en 15 chapitres dont voici les plus importants.

◆ Politique de sécurité

Ce chapitre mentionne notamment la nécessité pour l'entreprise de disposer d'une politique de validation et de révision des engagements.

L'existence même de cette mesure (non technique) montre que l'ISO 27002 fournit un important catalogue de « bonnes pratiques » pour gérer de manière sécurisée les informations.

◆ Organisation de la sécurité

Ce chapitre compte 3 parties.

▶ Une première partie traite du besoin de disposer d'une organisation dédiée à la mise en place et au contrôle des mesures de sécurité en insistant sur :

  ▼ l'implication de la hiérarchie et la coopération qui devrait exister entre les différentes structures de l'entreprise,

  ▼ la désignation de propriétaires de l'information, qui sont responsables de leurs domaines spécifiques,

  ▼ l'existence d'un processus et de procédures pour la mise en place et le suivi de chaque système informatique.

▶ Une deuxième partie traite des accès aux informations de l'entreprise par une tierce personne, qui doivent être encadrés par un contrat stipulant les conditions d'accès et les recours en cas de litige.

▶ Une troisième partie indique comment traiter les cas particuliers de gestion de la sécurité (par exemple l'*outsourcing* ou *cloud*).

◆ Classification des informations

Ce chapitre traite de la nécessité de répertorier l'ensemble des informations (ou types d'entreprise et d'organisation) et de déterminer leurs degrés de classification. La mise en place d'une classification détaillée doit s'accompagner de la rédaction des guides qui définissent des procédures de traitement relatives à la classification.

On peut noter en effet qu'il n'est pas suffisant de donner des niveaux de classification. Il faut donner les moyens aux personnels pour mettre en œuvre les procédures de traitement.

◆ Sécurité du personnel

Cette partie comporte trois types de mesures :

▶ Pour le recrutement de collaborateur, en fonction de ses responsabilités, il est important d'identifier les niveaux de sécurité demandés pour ses activités. Des clauses spécifiques sur la sécurité et la confidentialité sont mentionnées dans le contrat de travail.

▶ Une sensibilisation à la sécurité doit être adaptée pour tout collaborateur accédant à des données ou des informations sensibles (nouvel arrivant, tierce partie, fournisseur).

▶ L'ensemble du personnel doit être informé de l'existence et du mode d'emploi de la remontée d'incidents.

◆ Sécurité de l'environnement et des biens physiques

Cette partie prend en compte toutes les mesures spécifiques pour protéger les bâtiments, les bureaux et les équipes et les collaborateurs sur leurs lieux de travail, à savoir :

▶ la délimitation de zones de sécurité pour les accès aux bâtiments (attention aux accès extérieurs) ;

▶ la mise en place de la sécurité physique, comme la lutte contre l'incendie ou les dégâts internes ;

▶ la mise en place de locaux de sécurité avec contrôle d'accès et la supervision des alarmes, notamment des systèmes installés ;

▶ la mise en place des procédures de contrôle pour limiter les vols ou les transactions ;

▶ la mise en place de procédures pour la gestion des documents sur lesquels travaillent les collaborateurs dans leurs différents bureaux.

◆ Administration

Cette partie prend en compte les points suivants :

▶ rédiger et mettre à jour l'ensemble des procédures d'exploitation de l'entreprise (exploitation réseau, système ou sécurité) ;

▶ rédiger et mettre à jour les critères d'acceptation pour chaque nouveau système ;

▶ prévoir un planning pour l'achat des applications ou des matériels afin d'éviter toute intrusion ;

▶ mettre en place un certain nombre de politiques organisationnelles et techniques de messagerie, diffusion de document électronique en interne ou vers l'extérieur, restauration, etc.

◆ Contrôle des accès informatiques

Cette partie comprend beaucoup de propositions de règles par rapport aux autres consignes exhaustives. On peut citer :

▶ la nécessité pour l'entreprise de disposer d'une politique de contrôle d'accès (qui a défini des règles et des responsabilités, le moyen d'y accéder) ;

▶ la mise en place d'une gestion des utilisateurs et des droits d'accès (gestion de droits, gestion de mots de passe) ou plus généralement des autorisations d'accès ;

▶ la responsabilité des utilisateurs face à l'accès aux informations (ne pas divulguer son mot de passe, le renouveler, verrouiller son écran quand on est absent par exemple…) ;

▶ les propositions dédiées à la mise en œuvre de la politique de contrôle (guides pour l'utilisation de la répartition des réseaux internes et externes – Internet, extranet, intranet –, utilisation des *firewalls*, des *proxies*, des contrôles de flux d'entrées et de sorties, d'accès, gestion du nombre d'accès simultanés limité par des règles de filtrage des routeurs, etc.) ;

▶ la mise en place d'un système de contrôle de l'organisation spécifique en matière de suivi et de contrôle de la sécurité et de tableaux de bord récapitulatifs ;

▶ l'existence et la mise en place de procédures relatives aux télétravailleurs, aux prestataires ainsi qu'aux fournisseurs.

Sur la partie « contrôle des accès », il s'agit de bonnes pratiques. Cette norme gère les mesures opérationnelles à mettre en place pour gérer de manière sécurisée et propose des exemples de mise en œuvre.

◆ **Développement et maintenance**

Ce chapitre, de la même manière que le précédent, propose des mesures incontournables, des exemples de mise en œuvre. Sans être exhaustif, on peut retenir :

▶ la nécessité d'intégrer les besoins de sécurité dans les spécifications fonctionnelles ;

▶ les conseils pour des développements comme la mise en place d'un système de contrôle des entrées et des sorties au sein des applications ;

▶ les propositions d'intégration de services de sécurité comme le chiffreur électronique, la non-répudiation, ce qui nécessiterait pour l'entreprise la définition d'usage et de contrôle d'outils à base de cryptographie ainsi qu'une politique d'usage associée ;

▶ la mise en place de procédures à respecter pour l'intégration de nouveaux logiciels ou pour le passage en exploitation ;

▶ la mise en place d'un outil et de moyens pour gérer les configurations.

◆ **Plan de continuité**

Ce chapitre traite de la nécessité pour l'entreprise de disposer de plans de continuité qui sont à jour, de processus de rédaction pour les guides, de mise en place de tests périodiques et de mises à jour de ses plans (PRA, PCA, PRU) en coordination avec la Direction de l'entreprise et le responsable de la sécurité des systèmes d'information (RSSI).

◆ **Conformité légale et audit de contrôle**

Ce chapitre traite pour l'essentiel de trois points :

▶ Le premier porte sur la conformité légale. Pour satisfaire ce point, l'entreprise doit recenser et évaluer l'ensemble des contraintes légales et des règlements de ses domaines ainsi que les informations et les données traitées. À cela s'ajoute la définition des procédures correspondantes qui seront disponibles et applicables pour les collaborateurs habilités.

▶ Le deuxième porte sur l'audit de contrôle. Il s'agit de définir au préalable des consignes et des examens par les pairs afin de vérifier si les conditions applicables sont utilisées.

▶ Le troisième consiste à mettre en place ses procédures lors de l'audit de contrôle.

On peut donc noter que le contenu de l'ISO/IEC 27002 est un ensemble de mesures organisationnelles que l'entreprise doit coordonner afin de gérer de manière sécurisée l'ensemble de ses propositions d'évolution de solutions informatiques telles que l'utilisation de *firewalls* ou la composition de mots de passe (8 caractères, caractères alphanumériques...), le déploiement d'applications sur les postes de travail, les outils utilisés.

8.4.2   Certification dans l'entreprise

En se fondant sur cette norme, l'entreprise sur ses domaines d'intervention met en place différentes normes (ISO/IEC 27001, 27002 et 17799:2005) pour gérer la sécurité de ses informations. En revanche, plusieurs modes de fonctionnement permettent de situer une entreprise sur une échelle de gestion allant de la gestion idéale à la pratique. Il est aujourd'hui très difficile d'apprécier le résultat de cette norme, sauf à réaliser des audits comparatifs.

8.5   La norme ISO/IEC 27001

La norme ISO/IEC 27001 permet d'aider les organisations à mettre en évidence leurs vulnérabilités et à identifier les risques de sécurité potentiels encourus par leurs informations, et ceci grâce à des audits internes et externes, de manière systématique, pour garantir leur disponibilité, leur intégrité et leur confidentialité à leurs clients, actionnaires, autorités réglementaires, tutelles et autres parties intéressées.

La norme ISO/IEC 27001 se base sur le vocabulaire de la norme ISO/IEC 27000 « Technologies de l'information – Techniques de sécurité – Systèmes de management de la sécurité de l'information – Vue d'ensemble et vocabulaire ».

8.5.1   La norme NF ISO/IEC 27001

La NF ISO/IEC 27000 de 2018 fournit une vue d'ensemble des systèmes de management de la sécurité de l'information (SMSI). Cette vue d'ensemble constitue l'objet de la famille des normes SMSI qui définit les termes qui s'y rattachent. Dans le cas d'une mise en œuvre de la NF ISO/IEC 27000 et de l'ensemble des normes de la famille jusqu'à l'ISO/IEC 27007[31], tous les types d'organismes (par exemple, les entreprises commerciales, les organismes

31   Voir ISO/IEC 27007:2017 « Technologies de l'information – Techniques de sécurité – Lignes directrices pour l'audit des systèmes de management de la sécurité de l'information ».

publics et ONG, les organismes à but non lucratif tels que les associations, les groupements) doivent obtenir :

▶ la vue d'ensemble de la famille des normes SMSI ;

▶ l'introduction aux SMSI ;

▶ la description du processus PDCA (Planifier-Déployer-Contrôler-Agir) ou roue de Deming appliqué à l'ISO/IEC 27000 ;

▶ les termes et définitions utilisés dans l'ensemble des normes SMSI.

Les objectifs de la NF ISO/IEC 27000 de 2018 consistent à définir les termes utilisés et synthétiser les définitions. Cette norme introduit l'ensemble de la famille des normes SMSI qui définissent les niveaux d'exigences d'un SMSI pour les organismes certifiant de tels systèmes.

Elle apporte un soutien direct, des recommandations détaillées et/ou une interprétation des processus et des exigences générales selon le modèle Planifier-Déployer-Contrôler-Agir (PDCA). Elle prend aussi en compte les lignes directrices caractéristiques des secteurs spécifiques tels que l'informatique, l'administration, le tertiaire, la banque et les assurances, en matière de SMSI. Son périmètre traite de l'évaluation des besoins et des niveaux de conformité requis pour chaque SMSI.

◆ Synthèse du contenu de la norme NF ISO/IEC 27001

La sécurité du SMSI se base sur l'ISO/IEC 27002 « Technologies de l'information – Techniques de sécurité – Code de bonne pratique pour la gestion de la sécurité de l'information » qui définit les bonnes pratiques pour la sécurité de toutes les informations. Pour la formaliser, la norme NF ISO/IEC 27001 « Techniques de sécurité – Systèmes de management de la sécurité de l'information – Exigences » de 2013 constitue un cadre de management. Elle sert de cadre de référence à la certification pour la sécurité des informations dans les entreprises quels que soient leur domaine d'activité et leur taille.

Elle comprend en particulier son modèle de certification mature et éprouvée. Elle est constituée des 6 familles de processus dont les actions consistent à :

▶ définir une politique de la sécurité des informations ;

▶ définir le périmètre du système de management de la sécurité de l'information ;

▶ réaliser une évaluation des risques liés à la sécurité ;

▶ gérer les risques potentiellement identifiés ;

▶ choisir et mettre en œuvre les contrôles ;

▶ préparer un SoA (*Statement of Applicability*).

D'ailleurs, l'annexe A de cette norme précise les domaines à prendre en compte pour conduire une analyse de risques.

◆ Synthèse du contenu de la norme ISO/IEC 27002

Quant à la norme ISO/IEC 27002, elle a repris les bases de la deuxième partie de BS 7799, publiée par *BSI Group* en 1999 et connue sous le nom de « BS 7799 Part 2 », sous le titre de « Systèmes de gestion de la sécurité de l'information – Spécification avec des conseils pour l'utilisation ».

La norme ISO/IEC 27002[32], remplaçant ISO/IEC 17799, a pour objet de fournir aux responsables et à leur personnel un modèle de mise en place et d'administration système efficace de gestion de la sécurité de l'information. Pour cela, ISO/IEC 27002 se décline en 11 thèmes :

▶ la politique de sécurité ;

▶ l'organisation de la sécurité de l'information ;

▶ la gestion des actifs ;

▶ la sécurité des ressources humaines ;

▶ la sécurité physique et environnementale ;

▶ la gestion de la communication et des activités d'exploitation ;

▶ le contrôle des accès ;

▶ l'acquisition, le développement et la maintenance des systèmes, et la formation des utilisateurs ;

▶ la gestion des incidents de sécurité de l'information ;

▶ la gestion de la continuité des affaires ;

▶ la conformité.

À cette norme, il faut ajouter des normes complémentaires telles que :

▶ ISO/IEC 27003:2009, qui est le guide d'implémentation du SMSI ;

▶ ISO/IEC 27004, concernant les métriques et métrages ;

▶ ISO/IEC 27007:2011 « Technologies de l'information – Techniques de sécurité – Lignes directrices pour l'audit des systèmes de la sécurité de l'information », en relation avec la norme ISO 19011.

---

32 Voir ISO/IEC 27002:2005 « Technologies de l'information – Techniques de sécurité – Code de bonne pratique pour la gestion de l'information ».

8.6 La norme NF ISO 31000:2018

Cette norme sur le management des risques NF ISO 31000:2018 « Management du risque – Lignes directrices » simplifie la prise en compte des risques et fournit des principes, un cadre et des lignes directrices pour gérer tout type de risque. Cette norme peut être utilisée par tout type d'organisme sans distinction de taille, d'activité ou de secteur. Les organisations qui ont recours à la NF ISO 31000 augmentent leurs chances d'atteindre leurs objectifs, sont mieux à même de cerner les opportunités et les menaces, d'allouer et d'utiliser efficacement les ressources nécessaires pour gérer le management des risques.

La NF ISO 31000 ne se prête pas à des fins de certification ; elle pose les problèmes de l'organisation pour identifier et maîtriser les risques. Elle décrit comment aider l'entreprise à atteindre ses objectifs métiers grâce à un management des risques afin de mettre en évidence des opportunités et de contrer les menaces de tous types (internes et/ou externes), qu'ils soient explicites ou implicites. Car la mise en place de cette démarche améliore l'efficacité, l'efficience opérationnelle et la qualité. De même, comme nous le verrons, elle contribue à l'amélioration de la gouvernance des SI et à celle de l'entreprise dans le cadre des projets internes, nationaux ou internationaux.

✍ Le risque et ses déclinaisons

Un risque est un effet de l'incertitude sur l'atteinte des objectifs. La norme NF ISO 31000 explicite la définition du risque pour des activités humaines ou industrielles :

> Un effet est un écart, positif et/ou négatif, par rapport à une attente.

> Les objectifs peuvent avoir différents aspects (par exemple financiers, de santé et de sécurité, environnementaux…) et peuvent concerner différents niveaux (niveau stratégique, niveau d'un projet, d'un produit, d'un processus ou d'un organisme tout entier).

> Un risque est souvent caractérisé en référence à des événements et des conséquences potentielles ou à une combinaison des deux éléments amplifiant les conséquences.

> Un risque est souvent exprimé en termes de combinaison des conséquences d'un événement (incluant des changements de circonstances) et de sa vraisemblance. C'est ce que l'on désigne par criticité, probabilité.

L'incertitude est l'état, même partiel, de défaut d'information concernant la compréhension ou la connaissance d'un événement, de ses conséquences ou de sa vraisemblance.

Les risques sont nombreux en fonction des activités de l'entreprise (commerciales, administratives, techniques, bancaires, militaires…) ou des champs d'activité (commerce, marchés extérieurs, environnement technologique, fabrication, maîtrise d'ouvrage ou maîtrise d'œuvre, externalisation, tierce maintenance, délocalisation, transports, médical, produits chimiques...). Le schéma général de la norme se décline en 5 activités qui s'appuient sur de la surveillance et de la revue, d'une part, et sur de la communication et de la concertation, d'autre part (voir figure 8.4).

Nombreux sont les exemples et les catastrophes (tsunami, explosion, faillite, krach, banqueroute, attaques massives...) à l'origine de nouvelles réglementations en remplacement des anciennes.

✐ Exemple

REACH (Registration, Evaluation, Authorisation and restriction of CHemicals) est un règlement européen en vigueur depuis le 1er juin 2007, qui encadre l'enregistrement, l'évaluation et l'autorisation des substances chimiques (>= 1T/an), ainsi que les restrictions applicables à ces substances jugées prioritaires, selon une approche basée sur les risques au moyen de quatre procédures[33].

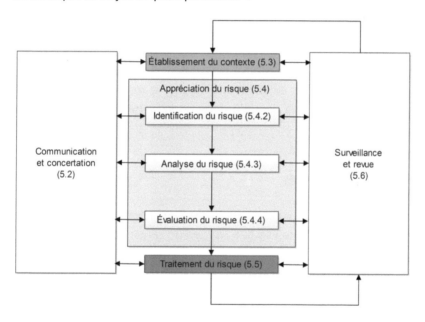

Figure 8.4 Processus de management du risque (source : AFNOR, NF ISO 31000)

Pour commencer à mettre en œuvre cette norme, il est nécessaire de comprendre le contexte interne de l'entreprise et d'avoir acquis suffisamment d'expérience sur les activités de l'entreprise. Cela peut inclure, sans toutefois s'y limiter :

---

33 Lien : http://echa.europa.eu/

▶ la gouvernance, l'organisation, les rôles et les responsabilités (structure générale de l'entreprise) ;

▶ les politiques, les objectifs et les stratégies mises en place pour les atteindre (finalité, but, objectifs définis) ;

▶ les aptitudes, en termes de ressources et de connaissances (par exemple : financements, temps, personnels, processus, systèmes et technologies, infrastructures) ;

▶ les relations avec les parties prenantes internes, leurs perceptions et leurs valeurs, ainsi que la culture de l'organisme et la place des décideurs ;

▶ les systèmes d'information, la circulation des flux d'information et les modes de prise de décision (à la fois formels et informels, explicites ou implicites) ;

▶ les normes, principes directeurs et modèles adoptés par l'organisme ;

▶ la forme et l'étendue des relations contractuelles concernées dans le périmètre de l'étude.

Cela implique la nécessité d'une culture managériale (acteurs, collaborateurs, organisations) et d'une connaissance de l'analyse des processus, des méthodes et des techniques pour l'évaluation des risques (audits, revues, classifications, pratiques existantes) ainsi que la mise en place de plans et de contre-mesures sur la sécurité dans le domaine du management et de ressources utilisées.

8.7 En résumé

Dans ce chapitre, nous avons mis en évidence les besoins et les exigences en matière de sécurité, d'analyse des risques de l'ensemble des SI par rapport au référentiel COBIT® 5 :

▶ Nous avons vu comment comprendre et mettre en œuvre une gestion des menaces ainsi que des risques potentiels tant au niveau des responsables de l'entreprise qu'au niveau opérationnel et au niveau des procédures.

▶ Plusieurs méthodes existent, chacune avec ses avantages et inconvénients pour mettre en place des contre-mesures sur l'ensemble des risques dans le système d'information.

▶ Nous avons présenté les normes ISO/IEC 17799, ISO/IEC 27000, ISO/IEC 27001 – qui concernent les exigences en matière de sécurité.

▶ Nous avons décrit l'application de la gouvernance avec la norme ISO 31000:2010 et la version 2018.

9
Maîtriser le domaine EDS
(Évaluer, Diriger
et Surveiller)

9.1   Généralités

Aux chapitres 4 et 5, nous avons identifié les domaines et leurs processus spécifiques. Nous allons voir maintenant comment mettre en œuvre des processus COBIT®5 en se basant sur les exigences qui ont été définies et approuvées avec toutes les parties prenantes (métiers, fournisseurs, clients…) pour réaliser les objectifs définis.

Les actions doivent être orchestrées par la réalisation des processus en garantissant les types des responsabilités clairement affectées et en prenant en compte les mesures de performances en fonction des objectifs fixés.

Une telle organisation pour la satisfaction des clients fait partie des mesures de la performance.

9.2   Présentation du domaine EDS

La gouvernance garantit que les objectifs de l'entreprise sont atteints en évaluant les besoins, les conditions et les options des parties prenantes ; en établissant une direction, des priorités et en prenant des décisions ; et enfin, en surveillant la performance, la conformité et les progrès par rapport à la direction et aux objectifs convenus (EDS).

Ce domaine compte 5 processus. Il s'assure du respect des grandes règles de gouvernance. Avant d'aller plus loin, analysons ce que dit COBIT®5 en matière de gouvernance. Il y a d'abord deux processus très importants dont le rôle est de définir la logique de la gouvernance : EDS01 et EDS05.

La gouvernance s'assure que les besoins, les conditions et les options des parties prenantes sont évalués afin de déterminer des objectifs à atteindre équilibrés et sur lesquels l'entreprise est d'accord. Elle donne le cap en fixant les priorités et en prenant les décisions par rapport aux objectifs. Elle surveille la performance et la conformité par rapport aux orientations et aux objectifs convenus sur les valeurs ajoutées, les ressources, les stratégies, les risques et les performances.

9.3 Maîtriser les processus du domaine EDS

Les 5 processus du domaine sont relatifs à la gouvernance. L'entreprise doit assurer que ses services informatiques ont la capacité à gérer la gouvernance, à maîtriser les risques, à optimiser les ressources tant humaines, financières, d'infrastructure et de pilotage et enfin à garantir la transparence des actes de gestion aux parties prenantes.

Pour cela, nous décrirons les éléments principaux, à savoir :

▶ le positionnement du domaine et des processus ;

▶ la description et l'objectif du processus ;

▶ les rôles avec le modèle RACI ;

▶ les liens entre les processus ;

▶ les normes utilisables.

9.3.1 Processus du domaine EDS

L'ensemble des 5 processus correspond bien à sa définition d'évaluer, diriger et surveiller. Ce domaine a en charge la gestion des définitions, la mise en œuvre, l'optimisation des ressources et des risques et les parties prenantes de EDS01 à EDS05. Les désignations de ces 5 processus sont les suivants :

▶ EDS01 : Assurer la définition et l'entretien d'un référentiel de gouvernance ;

► EDS02 : Assurer la livraison des bénéfices ;

► EDS03 : Assurer l'optimisation du risque ;

► EDS04 : Assurer l'optimisation des ressources ;

► EDS05 : Assurer aux parties prenantes la transparence.

9.3.2   Liste des attributs

Chaque processus EDS comprend un ensemble d'attributs qui sont décrits dans le référentiel COBIT® 5.

9.3.3   Modèle générique de processus

Le domaine de la gouvernance EDS compte 5 processus (EDS01 à EDS05). Ces processus spécifiques définissent les pratiques d'évaluation, les modes de surveillance, c'est-à-dire l'application des recommandations en matière de gouvernance (voir figure 9.1).

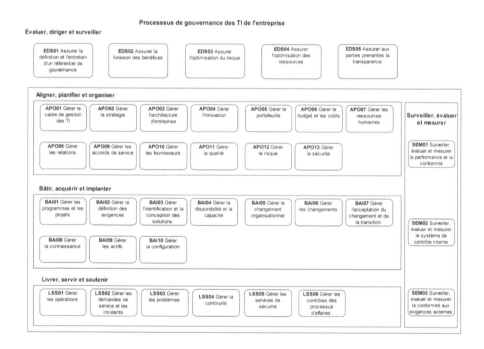

Figure 9.1 Description des 5 processus EDS (source : ISACA)

9.3.4   Détail des processus EDS

À partir des modèles du référentiel des processus, nous décrirons 2 processus (EDS01 et EDS05) sur les 5 processus qui sont les plus importants.

◆ **EDS01 : Assurer la définition et l'entretien d'un référentiel de gouvernance**

Les tableaux 9.1 et 9.2 qui ont été définis au chapitre 5 (voir tableau 5.1) concernent la définition du processus EDS01. Le tableau 9.2 reprend plus en détail les pratiques de gouvernance.

◆ **EDS02 : Assurer la livraison des bénéfices**

Description du processus

Le processus consiste à optimiser la contribution de la valeur à l'activité des processus métiers, des services informatiques et des actifs informatiques résultant des investissements réalisés par les départements informatiques à des coûts acceptables.

Description de l'objectif du processus

Le processus vise à sécuriser la valeur optimale des initiatives, services et actifs informatiques ; assurer une livraison rentable de solutions et de services, une image fiable et précise des coûts et des avantages probables afin que les besoins des entreprises soient soutenus efficacement.

◆ **EDS03 : Assurer l'optimisation du risque**

Description du processus

Le processus consiste à s'assurer que l'appétit au risque et la tolérance de l'entreprise sont compris, articulés et communiqués, et que le risque pour la valeur d'entreprise qui résulte de l'utilisation de l'informatique est identifié et géré.

Description de l'objectif du processus

Il s'agit de veiller à ce que le risque d'entreprise lié aux technologies IT ne dépasse pas l'appétit pour le risque et la tolérance au risque, l'impact du risque informatique sur la valeur de l'entreprise est identifié et géré, et le potentiel d'échec de la conformité est minimisé.

Tableau 9.1 Description du processus EDS01 (source : ISACA)

EDS01 Assurer la définition et l'entretien d'un référentiel de gouvernance	Rattachement : Gouvernance Domaine : Évaluer, Diriger et Surveiller
Description du processus Assurer que les mesures et le *reporting* des performances et de la conformité informatiques de l'entreprise sont transparents, les parties prenantes approuvant les objectifs et les mesures, ainsi que les actions correctives nécessaires.	
Énoncé de l'objectif du processus Assurer que la communication aux parties prenantes est efficace et opportune et que la base de *reporting* est établie pour améliorer les performances, identifier les points à améliorer et confirmer que les objectifs et les stratégies informatiques sont en adéquation avec la stratégie de l'entreprise.	
Le processus prend en charge la réalisation d'un ensemble d'objectifs informatiques principaux.	
Objectifs liés aux TI	**Métriques associées**
01. Alignement de la stratégie informatique et commerciale	• Pourcentage des objectifs stratégiques et des exigences de l'entreprise pris en charge par le département informatique et les objectifs stratégiques • Niveau de satisfaction des parties prenantes quant à la portée du portefeuille de programmes et services • Pourcentage de pilotes de valeur informatique associés aux inducteurs de valeur apportée aux métiers
03. Engagement de la direction à prendre des décisions en matière de TI	• Pourcentage des rôles de la haute Direction avec responsabilités pour les décisions informatiques clairement définies • Nombre de fois où l'informatique est à l'ordre du jour du conseil d'une manière proactive • Fréquence des réunions du comité de la stratégie informatique (exécutif) • Taux d'exécution des décisions de l'exécutif en matière de TI
07. Livraison de services informatiques conformes aux besoins de l'entreprise	• Nombre d'interruptions d'activité dues à des incidents de service informatique • Pourcentage d'intervenants commerciaux satisfaits de la prestation de services de TI, niveaux de service convenus • Pourcentage d'utilisateurs satisfaits de la qualité de la prestation des services informatiques
Objectifs du processus	**Métriques associées**
1. Le modèle de prise de décision stratégique pour l'informatique est efficace et aligné sur l'environnement interne et externe de l'entreprise et les exigences des acteurs.	• Temps de cycle réel par rapport au temps défini pour mettre en place les décisions importantes • Niveau de satisfaction des parties prenantes (mesuré par des enquêtes)

EDS01 Assurer la définition et l'entretien d'un référentiel de gouvernance	Rattachement : Gouvernance Domaine : Évaluer, Diriger et Surveiller
2. Le système de gouvernance de l'informatique est intégré dans l'entreprise.	• Nombre de rôles, de responsabilités et d'autorités qui sont définis, assignés et acceptés par les entreprises appropriées et la gestion informatique • Degré de mise en évidence des principes de gouvernance convenus pour la TI dans les processus et les pratiques (pourcentage de processus et de pratiques avec une traçabilité claire aux principes) • Nombre de cas de non-respect des règles éthiques et professionnelles et des directives de comportement
3. L'assurance est obtenue que le système de gouvernance de l'informatique fonctionne efficacement.	• Fréquence des examens indépendants de la gouvernance des TI • Fréquence de la gouvernance du *reporting* informatique au comité exécutif et conseil • Nombre de gouvernances des problèmes informatiques signalés

Tableau 9.2 Rôles avec le modèle RACI du processus EDS01 (source : ISACA)

Pratiques de gouvernance	Conseil d'Administration	Directeur général	Directeur financier	Président-directeur général	Dirigeant d'entreprises	Propriétaire des processus métiers	Comité exécutif de la stratégie	Comité de pilotage (programmes/projets)	Responsable de la gestion de projet	Responsable de gestion de la valeur	Responsable de la gestion des risques	Chef de la sécurité de l'information	Comité responsable de l'architecture	Comité des risques d'entreprise	Responsable des ressources humaines	Conformité	Audit de vérification	Directeur de l'information	Responsable de l'architecture	Responsable du développement	Directeur des opérations informatiques	Responsable de l'exploitation informatique	Responsable de la gestion de services	Responsable de la sécurité de l'information	Responsable de la continuité des opérations	Responsable de la confidentialité
EDS01.01 Évaluer le système de gouvernance	A	R	C	C	R		R				C		C	C	C	C	C	R	C	C	C					
EDS01.02 Diriger le système de gouvernance	A	R	C	C	R	I	R	I	I	I	C	I	I	I	I	C	C	R	C	I	I	I	I	I	I	I
EDS01.03 Surveiller le système de gouvernance	A	R	C	C	R	I	R	I	I	I	C	I	I	I	I	C	C	R	C	I	I	I	I	I	I	I

◆ **EDS04 : Assurer l'optimisation des ressources**

Description du processus

Le processus consiste à s'assurer que des capacités informatiques adéquates et suffisantes (personnes, processus et technologie) sont disponibles pour soutenir efficacement les objectifs de l'entreprise au coût optimal.

Description de l'objectif du processus

Le processus vise à s'assurer que les besoins en ressources de l'entreprise sont satisfaits de manière optimale, que les coûts informatiques sont optimisés et qu'il y a une plus grande probabilité de bénéficier de réalisations et préparations pour un changement futur.

◆ **EDS05 : Assurer aux parties prenantes la transparence**

Description du processus

Le processus consiste à s'assurer que les mesures et les rapports de conformité et de performance informatique de l'entreprise sont transparents, les parties prenantes approuvant les objectifs, les statistiques et les actions correctives nécessaires.

Description de l'objectif du processus

Le processus vise à s'assurer que la communication avec les parties prenantes est efficace et opportune et que la base des rapports est établie pour améliorer les performances, identifier les domaines à améliorer, et confirmer que les objectifs et les stratégies informatiques sont en ligne avec la stratégie de l'entreprise (voir tableau 9.3).

Tableau 9.3 Description du processus EDS05 (source : ISACA)

EDS05 Assurer aux parties prenantes la transparence	Rattachement : Gouvernance Domaine : Évaluer, Diriger et Surveiller
Description du processus S'assurer que les mesures et les rapports de conformité et de performance informatique de l'entreprise sont transparents, les parties prenantes approuvant les objectifs, les statistiques et les actions correctives nécessaires.	
Énoncé de l'objectif du processus S'assurer que la communication avec les parties prenantes est efficace et opportune et que la base des rapports est établie pour améliorer les performances, identifier les domaines à améliorer, et confirmer que les objectifs et les stratégies informatiques sont en ligne avec la stratégie de l'entreprise.	

EDS05 **Assurer aux parties prenantes la transparence**	**Rattachement : Gouvernance Domaine : Évaluer, Diriger et Surveiller**
Le processus prend en charge la réalisation d'un ensemble d'objectifs informatiques principaux.	
Objectifs liés aux TI	**Métriques associées**
03. Engagement de la haute Direction à prendre des décisions en matière de TI	• Pourcentage des rôles de la haute Direction ayant une définition claire, des responsabilités pour les décisions informatiques • Nombre de fois où l'informatique est à l'ordre du jour du conseil d'une manière proactive • Fréquence des réunions du comité de la stratégie informatique (exécutif) • Taux d'exécution des décisions de l'exécutif en matière de TI
06. Transparence des coûts, des avantages et des risques informatiques	• Pourcentage des analyses de rentabilisation des investissements clairement définis et approuvés des coûts et avantages liés aux TI prévus • Pourcentage de services informatiques avec des opérations clairement définies et approuvées, coûts et bénéfices attendus • Enquête de satisfaction auprès des principales parties prenantes concernant le niveau de transparence, la compréhension et l'exactitude des informations financières de l'informatique
07. Livraison de services informatiques en adéquation avec les besoins métiers	• Nombre de perturbations causées aux métiers dus à des incidents informatiques • Pourcentage d'intervenants commerciaux satisfaits de la prestation de services de TI, niveaux de service convenus • Pourcentage d'utilisateurs satisfaits de la qualité de la prestation de services informatiques
Objectifs du processus	**Métriques associées**
1. Les rapports des parties prenantes sont conformes aux exigences des parties prenantes	• Date de la dernière révision des exigences de déclaration • Pourcentage des parties prenantes couvertes par les exigences de déclaration
2. Les rapports sont complets, opportuns et précis	• Pourcentage de rapports qui ne sont pas livrés à temps • Pourcentage de rapports contenant des inexactitudes
3. La communication est efficace et les parties prenantes sont satisfaites	• Niveau de satisfaction des parties prenantes envers les rapports • Nombre d'infractions aux exigences de déclaration obligatoire

Le tableau 9.4 décrit les pratiques de management du processus EDS05.

**Tableau 9.4 Description des pratiques de management du processus EDS05
(source : ISACA)**

Pratiques de gouvernance	Conseil d'Administration	Directeur général	Directeur financier	Président-directeur général	Dirigeant d'entreprises	Propriétaire des processus métiers	Comité exécutif de la stratégie	Comité de pilotage (programmes/projets)	Responsable de la gestion de projet	Responsable de gestion de la valeur	Responsable de la gestion des risques	Chef de la sécurité de l'information	Comité responsable de l'architecture	Comité des risques d'entreprise	Responsable des ressources humaines	Conformité	Audit de vérification	Directeur de l'information	Responsable de l'architecture	Responsable du développement	Directeur des opérations informatiques	Responsable de l'exploitation informatique	Responsable de la gestion de services	Responsable de la sécurité de l'information	Responsable de la continuité des opérations	Responsable de la confidentialité
EDS05.01 Évaluer les exigences de *reporting* des parties prenantes	A	R	C	C	C	I										C	C	R	I			I				
EDS05.02 Communiquer en direct avec les parties prenantes les rapports	A	R	C	C	C	I										C	C	R	I			I				
EDS05.03 Surveiller la communi-cation avec les parties prenantes	A	R	C	C	C	I										C	C	R	I			I				

◆ Description de la pratique

Examiner et évaluer continuellement les exigences actuelles et futures en matière de communication et réaliser des rapports avec les intervenants, y compris les déclarations obligatoires (par exemple réglementaires) et la communication aux autres intervenants ; établir aussi les principes de communication (voir figure 9.2).

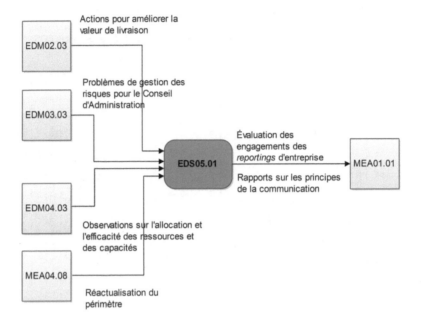

Figure 9.2 Liens de la pratique EDS05.01 du processus EDS01 en relation avec les autres pratiques (source : ISACA)

Pour ce processus EDS05, trois normes peuvent être utilisées (voir tableau 9.5).

Tableau 9.5 EDS05, conseils connexes (source : ISACA)

Référentiels et norme relatifs aux TI	Service de référence détaillé
COSO	–
ISO/IEC 38500:2018 « Gouvernance des technologies de l'information par l'entreprise »	–
Bâle III	–

Bâle III est un ensemble de mesures convenues à l'échelle internationale sur les contrôles bancaires élaboré en réponse à la crise financière de 2007-2009. L'ensemble des mesures visent à renforcer la réglementation, le contrôle et la gestion des risques des banques.

9.4 En résumé

Ce chapitre s'est attaché au domaine de la gouvernance EDS (Évaluer, Diriger et Surveiller), qui met en œuvre 5 processus, à travers notamment :

▶ les premières étapes de la présentation du domaine EDS (Évaluer, Diriger et Surveiller) ;

▶ la présentation du processus EDS01 et de son contenu en termes d'indicateurs ;

▶ la présentation du processus EDS05 et de son contenu en termes d'indicateurs ;

▶ la description des pratiques EDS01.1, EDS05.2 et EDS05.3 du processus EDS05 ;

▶ l'identification des liens entre la pratique du processus EDS05 et les autres processus du référentiel ;

▶ la mise en évidence des référentiels et de la norme utilisés par le processus EDS05 : COSO, ISO/IEC 38500 et Bâle III.

10
Maîtriser le domaine APO (Aligner, Planifier et Organiser)

10.1 Généralités

La mise en œuvre des processus COBIT® 5 est fondée sur les exigences arbitrées avec les parties intéressées (métiers, utilisateurs, clients, fournisseurs etc.) pour réaliser les objectifs définis par les principaux acteurs de la Direction de l'entreprise par le domaine EDS vu précédemment.

Ensuite, la mise en œuvre des processus est garantie par les responsabilités définies dans les engagements et des mesures de performance en relation avec les objectifs à atteindre. Bien entendu, la satisfaction des clients fait partie des mesures de performance du fonctionnement de l'entreprise.

10.2 Présentation du domaine APO

La gouvernance s'assure que les objectifs de l'entreprise sont atteints, d'une part, en évaluant les besoins, les conditions d'organisation et, d'autre part, en planifiant les options de toutes les parties intéressées. Cela implique de :

▶ définir les cibles à atteindre en précisant les priorités et, en fonction de la réalisation, mettre en œuvre des décisions ;

▶ surveiller les performances atteintes, la conformité des processus et les améliorations atteintes par rapport aux attentes et aux objectifs convenus dans le domaine APO.

Le domaine APO compte 13 processus, tous importants, et s'assure de la conformité des principales règles de gouvernance sur les engagements à atteindre. Avant d'aller plus loin, nous nous attacherons aux exigences de COBIT® 5 en matière de gouvernance.

Le domaine APO et les domaines suivants traitent de la gestion. Il compte quatre domaines qui s'assurent que les besoins, les conditions et les options des parties intéressées sont évalués pour déterminer des objectifs à atteindre équilibrés et sur lesquels l'entreprise s'engage. D'abord, l'entreprise donne le cap principal en fixant les priorités, en prenant les décisions par rapport aux objectifs. Mais elle surveille aussi les niveaux de performance et la conformité par rapport aux orientations de la Direction générale et des actionnaires, aux objectifs qui ont été retenus dans la gouvernance tels que : les valeurs ajoutées tant au niveau immatériel que matériel, les besoins en ressources, les solutions stratégiques adoptées, les politiques des risques et les niveaux des performances attendus dans l'ensemble de l'entreprise.

Ce domaine de processus met en œuvre des contenus différents mais complémentaires afin de garantir et d'assurer un équilibre entre les exigences formulées par la gestion dans l'entreprise et techniques mises en place par la DSI :

▶ La gouvernance du domaine APO consiste à faire évoluer des modes de gestion actuels sur le plan stratégique ou pratique, notamment en intégrant les innovations ou les adaptations du SI, en prenant en compte les budgets et les coûts, en analysant les risques, les niveaux de qualité à atteindre par rapport aux engagements techniques.

▶ Ce domaine recommande la prise en compte des normes et des référentiels des métiers ainsi que les bonnes pratiques d'urbanisme (TOGAF, MODAF...) dans le développement des nouvelles architectures d'entreprise, la sécurité, les fournisseurs, la gestion des accords de service SLA (*Service Level Agreement*).

10.3 Maîtriser les processus du domaine APO

Les treize processus du domaine APO permettent toutes les actions de gestion concernant les activités de stratégie informatique. D'ailleurs, elles se rapprochent des meilleures pratiques de TI, et de gouvernance COBIT® 5, mais aussi des réponses sur la mise en place des nouvelles pratiques d'innovation, la gestion des ressources humaines, la qualité des livraisons et le respect des engagements, les services informatiques délivrés.

10.3.1   Processus du domaine APO

Les 13 processus sont les suivants :

▶ APO01 : Gérer le cadre de gestion des TI ;

▶ APO02 : Gérer la stratégie ;

▶ APO03 : Gérer l'architecture d'entreprise ;

▶ APO04 : Gérer l'innovation ;

▶ APO05 : Gérer le portefeuille ;

▶ APO06 : Gérer le budget et les coûts ;

▶ APO07 : Gérer les ressources humaines ;

▶ APO08 : Gérer les relations ;

▶ APO09 : Gérer les accords de service ;

▶ APO10 : Gérer les fournisseurs ;

▶ APO11 : Gérer la qualité ;

▶ APO12 : Gérer le risque ;

▶ APO13 : Gérer la sécurité.

10.3.2   Liste des attributs

Chaque processus APO comprend un ensemble d'attributs qui sont décrits dans le référentiel COBIT® 5.

10.3.3   Modèle générique de processus

Le domaine de la gestion APO met en évidence 13 processus (de APO01 à AP013). Ces processus spécifiques définissent à la fois un ensemble de pratiques de la planification et l'intégration de dispositions particulières : risques, coûts, ressources ; services, fournisseurs, portefeuille, etc. Les processus APO se concentrent sur la mise en œuvre et l'application des recommandations en matière de gestion (voir figure 10.1).

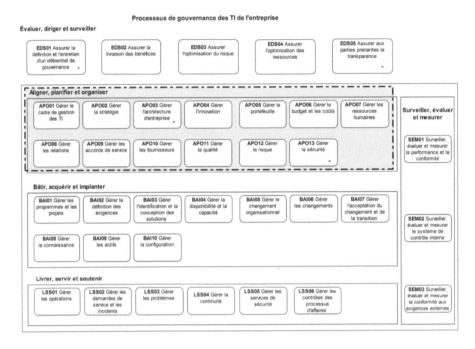

Figure 10.1 Cartographie des 13 processus APO

10.3.4 Détail des processus APO

Dans ce domaine, deux processus importants déterminent la logique de la gouvernance : APO01 et APO13.

Commençons par la présentation de l'ensemble des 13 processus. Ensuite, nous définirons le contenu et le fonctionnement de ces deux processus : AP001 : Gérer le cadre de gestion des TI et APO13 : Gérer la sécurité.

◆ APO01 : Gérer le cadre de la gestion des TI

Description du processus

Le processus APO01 clarifie la vision de la gouvernance en mettant en place des actions de gestion en relation avec les missions informatiques de l'entreprise. Il détermine les mécanismes ainsi que les responsabilités et les différents acteurs pour gérer l'information et l'utilisation de l'informatique dans l'entreprise. Son but est de soutenir l'ensemble des objectifs de la gestion conformément aux attentes des directeurs et des actionnaires ou des institutions du management en liaison avec les objectifs de la politique dans l'entreprise (voir tableau 10.1).

Tableau 10.1 Description du processus APO01 (source : ISACA)

APO01 Gérer le cadre de gestion des TI	Rattachement : Gestion Domaine : Analyser, Planifier et Organiser
Description du processus Clarifier et maintenir la gouvernance de la mission et de la vision informatiques de l'entreprise. Mettre en place et maintenir des mécanismes et des autorités pour gérer l'information et l'utilisation de l'informatique dans l'entreprise et pour soutenir les objectifs de gouvernance conformément aux principes directeurs et aux politiques.	
Énoncé de l'objectif du processus Fournir une approche de gestion cohérente pour satisfaire aux exigences de la gouvernance d'entreprise, couvrant les processus de gouvernance et de gestion, les structures organisationnelles, les rôles et les responsabilités, les activités organisées et reproductibles ainsi que les aptitudes et les compétences.	
Le processus prend en charge la réalisation de l'ensemble des principaux objectifs informatiques	

Objectifs liés aux TI	Métriques associées
01. Alignement de la stratégie informatique et métiers	• Pourcentage d'objectifs stratégiques et d'exigences d'entreprise en conformité avec les objectifs stratégiques informatiques • Niveau de satisfaction des parties prenantes quant à la portée du portefeuille de programmes et services • Pourcentage de pilotes de valeur informatique reliés aux facilitateurs de la valeur métier
02. Conformité informatique et soutien à la conformité des entreprises aux lois et règlements externes	• Coût de la non-conformité informatique, y compris les règlements et les pénalités, et impact de la perte de réputation • Nombre de problèmes de non-conformité liés aux TI signalés au Conseil ou suscitant des commentaires publics ou des explications • Nombre de problèmes de non-conformité liés aux accords contractuels avec des fournisseurs de services informatiques • Couverture des évaluations de conformité
09. Agilité informatique	• Niveau de satisfaction des dirigeants d'entreprise en ce qui concerne la réactivité de l'informatique aux nouvelles exigences • Nombre de processus métiers critiques pris en charge par l'infrastructure et les applications les plus récentes • Temps moyen pour transformer les objectifs informatiques stratégiques en une démarche adaptée et validée
11. Optimisation des actifs informatiques, des ressources et des capacités informatiques	• Fréquence des évaluations de la maturité des capacités et de l'optimisation des coûts • Évolution de la tendance des résultats de l'évaluation • Niveaux de satisfaction des dirigeants d'entreprise et des TI pour lesquels des coûts ont été mesurés et leurs capacités liées aux TI

APO01 Gérer le cadre de gestion des TI	Rattachement : Gestion Domaine : Analyser, Planifier et Organiser
15. Conformité informatique aux politiques internes	• Nombre d'incidents liés à la non-conformité de la politique informatique • Pourcentage d'acteurs informés de ces politiques • Pourcentage de politiques soutenues par des normes et des pratiques efficaces de travail • Fréquence de révision et de mise à jour des politiques
16. Compétence et motivation des métiers et des collaborateurs informatiques	• Pourcentage de collaborateurs dont les compétences en TI sont suffisantes en relation avec la compétence requise pour leurs rôles • Pourcentage du personnel satisfait de son rôle lié à l'informatique • Nombre d'heures d'apprentissage ou de formation par membre du personnel
17. Connaissances, expertises et initiatives pour l'innovation des entreprises	• Sensibilisation des dirigeants d'entreprise et compréhension des possibilités d'innovation informatique • Niveau de satisfaction des intervenants par rapport aux niveaux d'expertise et d'évolution en matière d'innovation en TI • Nombre d'initiatives approuvées résultant d'idées informatiques innovantes
Objectifs du processus	Métriques associées
1. Un ensemble efficace de politiques est défini et maintenu.	• Pourcentage d'incitations et de mise en pratique, de normes et d'autres outils documentaires, à jour • Date des dernières mises à jour du référentiel et des facilitateurs • Nombre d'expositions aux risques dues à des insuffisances dans la conception de l'environnement de contrôle
2. L'ensemble du personnel et des parties prenantes sont informés des politiques et de la façon dont elles devraient être mises en œuvre.	• Nombre de membres du personnel ayant participé à des séances de formation ou de sensibilisation • Pourcentage de fournisseurs tiers ayant des contrats définissant des exigences de contrôle

Le tableau 10.2 reprend les rôles et les responsabilités associées du processus APO01.

Tableau 10.2 Rôles avec le modèle RACI du processus APO01 (source : ISACA)

Pratiques de management	Conseil d'Administration	Directeur général	Directeur financier	Président-directeur général	Dirigeant d'entreprises	Propriétaire des processus métiers	Comité exécutif de la stratégie	Comité de pilotage (programmes/projets)	Responsable de la gestion de projet	Responsable de gestion de la valeur	Responsable de la gestion des risques	Chef de la sécurité de l'information	Comité responsable de l'architecture	Comité des risques d'entreprise	Responsable des ressources humaines	Conformité	Audit de vérification	Directeur de l'information	Responsable de l'architecture	Responsable du développement	Directeur des opérations informatiques	Responsable de l'exploitation informatique	Responsable de la gestion de services	Responsable de la sécurité de l'information	Responsable de la continuité des opérations	Responsable de la confidentialité
APO01.01 Définir la structure organisationnelle	C	C	C	C		I		C							R	I	I	A	C	C	C	R	C	C	C	
APO01.02 Établir les rôles et les responsabilités				I		C		C							C	C	C	A	C	C	C	R	C	C	C	C
APO01.03 Maintenir les facilitateurs du système de management	C	A	C	R	C	C	I			C	C	C	C			C	C	R				R				
APO01.04 Communiquer les objectifs de management et la vision		A	R	R	R	I		R	I	I	I	R	R	I	I	I	I	I	R	I	I	I	I	I	I	I
APO01.05 Optimiser la répartition des fonctions IT	C	C	C	C			A	C							C	C	C	R	C	C	C	R	C	C	C	
APO01.06 Définir les informations (données) et la propriété du système d'information	I	I	C	A	R											C	C	C	C	C					C	C
APO01.07 Gérer pour les processus l'amélioration continue		A		R		R						C						I	C	C	R	R	R	R	R	R
APO01.08 Garantir et maintenir la conformité avec des politiques et des procédures		A		R		R					R				R	C		I	R	R	R	R	R	R	R	

◆ APO02 : Gérer la stratégie

Description du processus

Le processus APO02 fournit une vision globale de l'environnement informatique et du métier actuel, de l'orientation future et des initiatives requises pour migrer vers un environnement cible souhaité. Il s'appuie sur l'ensemble des éléments et des blocs fonctionnels en place et des composants de l'architecture d'entreprise, y compris les services fournis à l'extérieur et les fonctionnalités connexes capables d'apporter une réponse agile, fiable et efficace aux objectifs stratégiques.

◆ APO03 : Gérer l'architecture d'entreprise

Description du processus

Le processus APO03 établit une architecture commune composée de couches de processus métiers, d'informations, de données, d'applications et d'architecture technologique pour réaliser efficacement les stratégies informatiques et d'entreprise en créant des modèles et des pratiques clés décrivant les architectures de référence et cibles. Pour cela, il faut définir les exigences pour la taxonomie, les normes, les lignes directrices, les procédures, les modèles et les outils, et fournir un lien pour ces composants, mais aussi améliorer l'alignement, augmenter l'agilité, améliorer la qualité de l'information et générer des économies potentielles grâce à des initiatives telles que la réutilisation des composants appartenant à l'architecture d'entreprise.

◆ APO04 : Gérer l'innovation

Description du processus

Le processus APO04 doit maintenir une connaissance des tendances de la TI et des services connexes, identifier les opportunités d'innovation et planifier la façon de tirer parti de l'innovation par rapport aux besoins de l'entreprise. Il doit analyser les opportunités d'innovation ou d'amélioration des entreprises qui peuvent être créées par les technologies émergentes, les services ou l'innovation commerciale reposant sur les technologies de l'information, ainsi que par les technologies existantes et par l'innovation des processus métiers et informatiques, mais aussi influencer les décisions de planification stratégique et d'architecture d'entreprise.

◆ APO05 : Gérer le portefeuille

Description du processus

Ce processus consiste à :

▶ exécuter l'orientation stratégique pour les investissements en ligne avec la vision de l'architecture d'entreprise, les caractéristiques souhaitées de l'investissement, les portefeuilles de services connexes, en considérant les différentes catégories d'investissements et les contraintes de ressources et de financement ;

▶ évaluer, prioriser et équilibrer les programmes et les services, en gérant la demande dans les limites des ressources et du financement, en fonction de leur alignement sur les objectifs stratégiques ;

▶ évaluer les risques dans l'entreprise.

Cela permet de déplacer du pipeline du portefeuille de services les programmes applicatifs qui ont été sélectionnés vers le catalogue des services pour devenir des services actifs en exploitation, puis de surveiller les performances de l'ensemble du portefeuille de services et des programmes. Ainsi, il sera possible de proposer des adaptations en fonction des besoins des métiers pour répondre à l'efficacité des programmes et des projets liés aux priorités décidées par l'entreprise.

◆ APO06 : Gérer le budget et les coûts

Description du processus

Ce processus consiste à :

▶ gérer les activités financières dans les domaines des affaires et des TI, en gérant les budgets, les coûts et les bénéfices attendus et en hiérarchisant les dépenses grâce à des pratiques budgétaires utilisées et officielles et un système juste et équitable de répartition des coûts ;

▶ consulter les parties prenantes pour identifier et contrôler l'ensemble des coûts, des bénéfices attendus en termes de valeur commerciale, dans le contexte des plans stratégiques et tactiques informatiques ;

▶ en fonction des résultats, ajuster et entreprendre des actions correctives si nécessaires.

◆ **APO07 : Gérer les ressources humaines**

Description du processus

Le processus APO07 fournit une approche structurée pour assurer une structuration optimale, le recrutement et l'emploi, les gestions des niveaux de décision et les compétences des ressources humaines. Cela inclut notamment la communication sur les rôles et les responsabilités définies, des plans d'apprentissage et de croissance, des attentes en matière de performance, qui ont été gérées par des personnels et des responsables compétents et motivés.

◆ **APO08 : Gérer les relations**

Description du processus

Le processus APO08 gère la relation entre l'entreprise et les services informatiques de manière formelle et transparente. Il veille à atteindre un objectif partagé et commun et des résultats d'entreprise bénéficiaires en fonction des objectifs stratégiques et dans la limite des budgets et de la tolérance aux risques. Le travail avec ce processus consiste à construire des relations basées sur la confiance mutuelle, utilisant des *thesaurus* compréhensibles et des langages communs avec la volonté de les mettre en œuvre, de rendre compte des décisions clés.

◆ **APO09 : Gérer les accords de service**

Description du processus

Le processus APO09 aligne les services et les niveaux de services qui sont compatibles avec les TI sur les besoins et les attentes des entreprises, notamment l'identification, la spécification, la conception, la publication, l'engagement et la surveillance des services informatiques, des niveaux de services et des différents indicateurs de performance.

◆ **APO10 : Gérer les fournisseurs**

Description du processus

Le processus APO10 gère les services informatiques fournis par tous les types de fournisseurs pour répondre aux exigences de l'entreprise, principalement la sélection des fournisseurs, la gestion des relations, la gestion des contrats, le suivi avec la surveillance des résultats des fournisseurs en matière d'efficacité et la conformité.

◆ APO11 : Gérer la qualité

Description du processus

Le processus APO11 définit et communique les exigences de qualité dans tous les documents, procédures et résultats d'entreprise connexes. Il s'agit de prendre en compte notamment les contrôles, la surveillance en continue et l'utilisation de pratiques et de normes professionnelles dans le but de développer l'amélioration continue et l'efficacité.

◆ APO12 : Gérer le risque

Description du processus

Le processus APO12 identifie, évalue et réduit en permanence les risques liés aux TI dans les limites des tolérances établies par la Direction générale de l'entreprise.

◆ APO13 : Gérer la sécurité

Tableau 10.3 Description du processus APO13 (source : ISACA)

APO13 Gérer la sécurité	Rattachement : Management Domaine : Analyser, Planifier et Organiser
Description du processus Définir, mettre en œuvre et surveiller un système de gestion de la sécurité de l'information.	
Énoncé de l'objectif du processus Conserver les éléments d'impact et la fréquence des incidents de sécurité de l'information dans les niveaux d'appétence aux risques de l'entreprise.	
Le processus prend en charge la réalisation d'un ensemble d'objectifs informatiques principaux.	
Objectifs liés aux TI	**Métriques associées**
02. Conformité informatique et soutien à la conformité des entreprises aux lois et règlements externes	• Coût de la non-conformité informatique, y compris les règlements et les pénalités, et impact de la perte de réputation • Nombre de problèmes de non-conformité liés aux TI signalés au Conseil ou suscitant des commentaires publics ou des explications • Nombre de problèmes de non-conformité liés aux accords contractuels avec des fournisseurs de services informatiques • Couverture des évaluations de conformité

AP013 Gérer la sécurité	Rattachement : Management Domaine : Analyser, Planifier et Organiser
04. Gestion des risques liés aux TI	• Pourcentage des processus métiers critiques, des services informatiques et des programmes des métiers reposant sur les technologies de l'information couvertes par l'évaluation des risques •. Nombre d'incidents informatiques importants non identifiés dans l'évaluation des risques • Pourcentage des évaluations des risques de l'entreprise, y compris les risques informatiques • Fréquence de mise à jour du profil de risque
06. Transparence des coûts, avantages et risques informatiques	• Pourcentage d'analyses de rentabilisation présentant des coûts et avantages informatiques formellement définis et approuvés • Pourcentage de services informatiques ayant des coûts opérationnels clairement définis et approuvés et des avantages attendus • Enquête de satisfaction auprès des principales parties prenantes concernant le niveau de transparence, de compréhension et d'exactitude de l'information financière informatique
10. Sécurité de l'information, de l'infrastructure de traitement et des applications	• Nombre d'incidents de sécurité causant une perte financière, une perturbation des métiers ou une situation embarrassante pour le public • Nombre de services informatiques avec des exigences de sécurité exceptionnelles • Délai d'attribution, de modification et de suppression des privilèges d'accès, par rapport aux niveaux de services convenus • Fréquence de l'évaluation de la sécurité par rapport aux dernières normes et lignes directrices
14. Disponibilité d'informations fiables et utiles pour la prise de décision	• Niveau de satisfaction des utilisateurs professionnels envers la qualité et la rapidité (ou la disponibilité) de l'information de gestion • Nombre d'incidents liés aux processus métiers dûs à la non-disponibilité des informations • *Ratio* et incidences des décisions commerciales erronées, où l'information erronée ou indisponible était un facteur clé
Objectifs du processus	**Métriques associées**
1. Un système est en place qui prend en compte et traite efficacement les exigences de sécurité de l'information.	• Nombre de rôles de sécurité importants clairement définis • Nombre d'incidents liés à la sécurité

APO13 Gérer la sécurité	Rattachement : Management Domaine : Analyser, Planifier et Organiser
2. Un plan de sécurité a été établi, accepté et communiqué dans toute l'entreprise.	• Niveau de satisfaction des parties prenantes vis-à-vis du plan de sécurité dans toute l'entreprise • Nombre de solutions de sécurité qui se sont écartées du plan • Nombre de solutions de sécurité s'écartant de l'architecture de l'entreprise
3. Les solutions de sécurité de l'information sont mises en œuvre et exploitées de manière cohérente dans toute l'entreprise.	• Nombre de services en cohérence qui sont alignés avec le plan de sécurité • Nombre d'incidents de sécurité causés par le non-respect du plan de sécurité • Nombre de solutions confirmées et développées qui sont alignées sur le plan de sécurité

Description du processus

Le processus APO13 définit, met en œuvre et surveille un système de gestion de la sécurité de l'information (voir tableau 10.3).

Description de l'objectif du processus

◆ Les 3 pratiques pour le processus APO13

APO13.01 : Établir et maintenir un SMSI (*Security Management System Information*).

APO13.02 : Définir et gérer un plan de traitement des risques liés à la sécurité de l'information.

APO13.03 : Surveiller et adapter le SMSI.

◆ Description des orientations APO12

Pour le processus APO12, trois normes sont recommandées (voir tableau 10.4).

Tableau 10.4 APO012 : Conseils connexes (source : ISACA)

APO12 : Orientations	
Référence détaillée	Standard connexe
ISO/IEC 27001:2013	Systèmes de management de la sécurité de l'information - Exigences - Section 4.
ISO/IEC 27002:2013	–
ISO/IEC 31000:2018	6. Processus de gestion des risques

10.4 En résumé

Ce chapitre s'est attaché à détailler les 13 processus du domaine APO (Aligner, Planifier et Organiser), à travers notamment :

▶ la construction d'une approche en matière d'application de la gestion avec le domaine APO ;

▶ l'identification des 13 processus, leur portée ainsi que le détail de leurs attributs ;

▶ la présentation des modèles génériques relatifs pour APO01 et APO13 ;

▶ la mise en évidence des 3 pratiques avec APO13, surtout les aspects de sécurité, de risque et d'organisation SMSI ;

▶ la description des normes utilisables avec APO12 : Gérer les risques.

11
Maîtriser le domaine BAI (Bâtir, Acquérir et Implémenter)

11.1 Présentation du domaine BAI

Ce domaine concerne la gestion de l'ensemble du système d'information mis en place dans l'entreprise. Il gère les programmes et les projets en ayant la responsabilité de suivre les solutions applicatives et techniques préconisées et mises en œuvre. De plus, il gère tous les aspects de la transition ainsi que les changements, qu'ils soient culturels, organisationnels ou économiques.

C'est un domaine qui prend en compte la construction de l'architecture du SI en termes d'urbanisation pour bâtir avec cohérence ses structures.

Ce domaine a la responsabilité de l'ensemble des actifs informatiques de l'entreprise et, bien sûr, de la gestion des configurations (paramétrage des chaînes informatiques, possibilité de retour en arrière lors des déploiements et des mises en production).

11.2 Maîtriser les processus du domaine BAI

Les 10 processus relatifs à la gestion du domaine BAI concernent principalement :

▶ le positionnement du domaine BAI avec la présentation de ses différents processus ;

▶ l'ensemble des pratiques associées : programmes, projets, REX et gestion des connaissances et des outils collaboratifs, mise en œuvre des changements et actifs *via,* en général, une CMDB (*Configuration Management DataBase*).

11.2.1 Processus du domaine BAI

Les 10 processus concernent les définitions, la mise en œuvre, l'optimisation des ressources et des risques, les parties prenantes, de BAI01 à BAI10. Ils sont désignés de la manière suivante :

▶ BAI01 : Gérer les programmes et les projets ;

▶ BAI02 : Gérer la définition des exigences ;

▶ BAI03 : Gérer l'identification et la conception des solutions ;

▶ BAI04 : Gérer la disponibilité et la capacité ;

▶ BAI05 : Gérer le changement organisationnel ;

▶ BAI06 : Gérer les changements ;

▶ BAI07 : Gérer l'acceptation du changement et de la transition ;

▶ BAI08 : Gérer la connaissance ;

▶ BAI09 : Gérer les actifs ;

▶ BAI10 : Gérer la configuration.

11.2.2 Liste des attributs

Chaque processus du domaine BAI comprend un ensemble d'attributs décrits dans le référentiel COBIT® 5.

11.2.3 Modèle générique de processus

Le domaine de la gouvernance BAI compte 10 processus, de BAI01 à BAI10. Ces processus spécifiques définissent les pratiques d'évaluation, les modes de surveillance et leur mise en œuvre, c'est-à-dire l'application des préconisations en matière de gouvernance (voir figure 11.1).

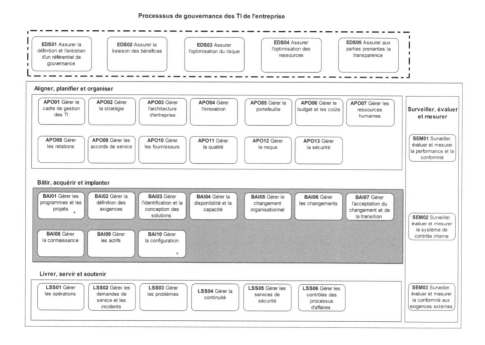

Figure 11.1 Description des 10 processus BAI (source : ISACA)

11.2.4   Détail des processus BAI

À partir des modèles du référentiel des processus, nous décrirons 2 processus sur les 10 processus qui sont les plus importants. Nous détaillerons deux processus : BAI01 : Gérer les programmes et les projets et BAI10 : Gérer la configuration.

◆ BAI01 : Gérer les programmes et les projets

Le tableau 11.1 détaille le processus BAI 01.

Tableau 11.1 Description du processus BAI01 (source : ISACA)

BAI01 Gérer les programmes et les projets	Rattachement : Gestion Domaine : Bâtir, Acquérir et Implémenter
Description du processus Gérer tous les programmes et projets du portefeuille d'investissement en accord avec la stratégie de l'entreprise et de manière coordonnée. Initialiser, planifier, contrôler et exécuter des programmes et des projets, et conclure avec une revue de post-implémentation.	
Énoncé de l'objectif du processus Réaliser les bénéfices commerciaux et réduire le risque de retards imprévus, de coûts et d'érosion des valeurs en améliorant les communications et la participation des entreprises et des utilisateurs finaux, en garantissant la valeur et la qualité des livrables du projet mais aussi en maximisant leur contribution au portefeuille d'investissements et de services produits.	
Objectifs liés aux TI	**Métriques associées**
01. Alignement de la stratégie informatique et commerciale	• Pourcentage d'objectifs stratégiques et d'exigences d'entreprise soutenus par des objectifs stratégiques informatiques • Niveau de satisfaction des intervenants à l'égard du portefeuille prévu des programmes et des services • Pourcentage de pilotes de valeur informatique reliés aux inducteurs de valeur métier
04. Gestion des risques liés aux TI	• Pourcentage de processus d'affaires critiques, de services informatiques et de programmes d'affaires reposant sur l'informatique couverts par l'évaluation des risques • Nombre d'incidents informatiques significatifs non identifiés dans l'évaluation des risques • Pourcentage des évaluations des risques de l'entreprise, y compris les risques informatiques • Fréquence de mise à jour du profil de risque
05. Bénéfices tirés du portefeuille d'investissements et des services informatiques	• Pourcentage d'investissements informatisés où la réalisation des avantages est gérée tout au long du cycle de vie économique • Pourcentage de services informatiques où les bénéfices attendus sont réalisés • Pourcentage d'investissements informatisés dans lesquels les bénéfices déclarés sont atteints ou dépassés
13. Livraison de programmes offrant des avantages, dans les délais, dans le respect du budget et répondant aux exigences et aux normes de qualité	• Nombre de programmes ou projets dans les délais et dans les limites du budget • Pourcentage de parties prenantes satisfaites de la qualité du programme ou projet • Nombre de programmes nécessitant des retouches importantes en raison de défauts de qualité • Coût de la maintenance de l'application par rapport au coût informatique global

BAI01 Gérer les programmes et les projets	Rattachement : Gestion Domaine : Bâtir, Acquérir et Implémenter
Objectifs du processus	**Métriques associées**
1. Les parties prenantes concernées sont engagées dans les programmes et projets.	• Pourcentage d'acteurs effectivement engagés • Niveau de satisfaction des intervenants par rapport à la participation
2. La portée et les résultats des programmes et projets sont viables et alignés sur les objectifs.	• Pourcentage de parties prenantes approuvant le besoin, la portée, les résultats prévus et le niveau de risque du projet de l'entreprise • Pourcentage de projets entrepris sans approbation lors de l'analyse de rentabilité
3. Les plans de programme et de projet sont susceptibles d'atteindre les résultats attendus.	• Pourcentage d'activités alignées sur la portée et les résultats attendus • Pourcentage de programmes actifs entrepris sans cartes de valeurs de programme valides et mises à jour
4. Les activités du programme et du projet sont exécutées selon les plans.	• Fréquence des avis avec les statuts • Pourcentage d'écarts par rapport au plan prévu • Pourcentage d'approbation des parties prenantes pour les revues de phase des programmes actifs
5. Les ressources du programme et du projet sont suffisantes pour exécuter les activités conformément aux plans.	• Nombre de problèmes de ressources (par exemple : compétences, capacités)
6. Les avantages attendus du programme et du projet sont atteints et acceptés.	• Pourcentage des bénéfices attendus obtenus • Pourcentage de résultats avec acceptation pour la première fois • Niveau de satisfaction des parties prenantes exprimé lors de la revue de clôture du projet

Tableau 11.2 Rôles avec le modèle RACI du processus BAI01 (source : ISACA)

Pratiques de management	Conseil d'Administration	Directeur général	Directeur financier	Président-directeur général	Dirigeant d'entreprises	Propriétaire des processus métiers	Comité exécutif de la stratégie	Comité de pilotage (programmes/projets)	Responsable de la gestion de projet	Responsable de gestion de la valeur	Responsable de la gestion des risques	Chef de la sécurité de l'information	Comité responsable de l'architecture	Comité des risques d'entreprise	Responsable des ressources humaines	Conformité	Audit de vérification	Directeur de l'information	Responsable de l'architecture	Responsable du développement	Directeur des opérations informatiques	Responsable de l'exploitation informatique	Responsable de la gestion de services	Responsable de la sécurité de l'information	Responsable de la continuité des opérations	Responsable de la confidentialité
BAI01.01 Maintenir une approche standardisée pour le management des projets et des programmes	I	A	C	C	R		R		C		C					C	C	R								
BAI01.02 Initialiser un programme	I	R	C	C	A	R	R	R	R									C	C	C	C	C	C	C	C	C
BAI01.03 Gérer les engagements des parties intéressées		A	C	R	R	R	C	R	I	I								R	C	C	C	C	C	C	C	C
BAI01.04 Développer et maintenir un planning de programme		C	C	A	C		R	R	R	C						C	C	C	C	C	C		C	C	C	C
BAI01.05 Lancer et exécuter le programme		C	C	A	R		R	R	I	C						C	C	R	R	R	R		C	C	C	C
BAI01.06 Gérer, contrôler les rapport sur les résultats du programme						A	C	I	R	R	R	C						C	R	R			C	C		C
BAI01.07 Démarrer et initialiser les projets concernés par un programme						R	R	I	A	R								C	C	R	C		C	C	C	C
BAI01.08 Planifier les projets						C	I	A	R									C	C	C	C	C	C	C	C	C

Pratiques de management	Conseil d'Administration	Directeur général	Directeur financier	Président-directeur général	Dirigeant d'entreprises	Propriétaire des processus métiers	Comité exécutif de la stratégie	Comité de pilotage (programmes/projets)	Responsable de la gestion de projet	Responsable de gestion de la valeur	Responsable de la gestion des risques	Chef de la sécurité de l'information	Comité responsable de l'architecture	Comité des risques d'entreprise	Responsable des ressources humaines	Conformité	Audit de vérification	Directeur de l'information	Responsable de l'architecture	Responsable du développement	Directeur des opérations informatiques	Responsable de l'exploitation informatique	Responsable de la gestion de services	Responsable de la sécurité de l'information	Responsable de la continuité des opérations	Responsable de la confidentialité
BAI01.09 Gérer la qualité des projets et des programmes						R	R	I	A	R		C				C	C	C	C	R	C		C	C	C	C
BAI01.10 Gérer les risques des projets et des programmes						R	R	I	A	R		C				C	C	C	C	R	C		C	C	C	C
BAI01.11 Suivre et contrôler les projets						I	R	I	A	R		C				C	R	C	C	R	C		C	C	C	C
BAI01.12 Gérer les ressources des projets et les lots prévus							R	I	A	R		C				C	C	C	C	R	C		C	C	C	C
BAI01.13 Terminer un projet ou une itération						C	C	I	A	R		C				C	C	C	C	C	C		C	C	C	C
BAI01.14 Terminer un programme	I	C	C	C	A	R	I	R	R	R								R	C	C	C		C	C	C	C

◆ BAI02 : Gérer la définition des exigences

Description du processus

Ce processus consiste à :

► identifier les solutions et analyser les exigences avant l'acquisition ou la création pour s'assurer qu'elles sont conformes aux exigences stratégiques de l'entreprise concernant les processus métiers, les applications, les informations/données, l'infrastructure et les services ;

▶ coordonner avec les intervenants concernés l'examen des options réalisables, y compris les coûts et avantages relatifs, l'analyse des risques et l'approbation des exigences et des solutions proposées.

◆ BAI03 : Gérer l'identification et la conception des solutions

Description du processus

Ce processus propose de :

▶ mettre en place une structure informatique pour concevoir des applications et les données correspondantes. Il s'agit d'établir et de maintenir des solutions de conception identifiées et conformes aux exigences de l'entreprise en matière de conception, de développement, d'approvisionnement et éventuellement de partenariat avec les fournisseurs et vendeurs.

▶ gérer l'ensemble du cycle de vie : la configuration, la préparation des tests, les tests, la gestion des exigences et la maintenance des processus métiers, les applications, les informations/données, les infrastructures disponibles ou futures et les services.

◆ BAI04 : Gérer la disponibilité et la capacité

Description du processus

Il faut accompagner ce processus BAI04 avec des objectifs précis, à savoir :

▶ équilibrer les besoins actuels et futurs en matière de disponibilité, de performance et de capacité avec une prestation de services rentable ;

▶ inclure l'évaluation des capacités actuelles, la prévision des besoins futurs en fonction des besoins opérationnels, l'analyse des impacts commerciaux et l'évaluation des risques afin de planifier et de mettre en œuvre des actions pour répondre aux exigences identifiées. Par exemple, on s'appuiera sur les bonnes pratiques ITIL en matière de gestion de la disponibilité des services (*Mean Time Between Failures* ou temps moyen entre pannes) et de gestion de la capacité sur les activités informatiques, réactives et proactives.

◆ BAI05 : Gérer le changement organisationnel

Description du processus

Il convient ici de maximiser la probabilité de réussir la mise en œuvre de changements organisationnels durables à l'échelle de l'entreprise, rapidement et avec un risque réduit, couvrant l'ensemble du cycle de vie et impliquant toutes les parties intéressées concernées dans l'entreprise et par l'informatique.

◆ BAI06 : Gérer les changements

Description du processus

Il s'agit de gérer toutes les modifications de manière contrôlée, y compris les modifications standards, et de prendre en compte des actions de maintenance par rapport aux degrés d'urgence relatifs aux processus métiers, aux applications et à l'infrastructure.

Cela inclut les normes et procédures de changement, l'évaluation de l'impact, la hiérarchisation et l'autorisation, les changements d'urgence, les suivis, les rapports, la clôture et la documentation. Par exemple, on s'appuiera sur les bonnes pratiques ITIL en matière de gestion des changements (*Requests for Comments, Change Advisory Board…*).

◆ BAI07 : Gérer l'acceptation du changement et de la transition

Description du processus

Cette séquence d'actions dans le processus BAI07 permet d'accepter et de rendre opérationnelles de nouvelles solutions : planification d'implémentation, conversion de système et de données, tests d'acceptation, communication, préparation de versions, promotion à la production de processus métiers et de services informatiques nouveaux ou modifiés, support de production précoce et au niveau de la revue post-implémentation.

On s'appuiera par exemple sur les bonnes pratiques ITIL en matière de gestion d'acceptation des changements et du support à la transition des services ainsi que du processus de gestion des mises en production et des modes de déploiement.

◆ BAI08 : Gérer la connaissance

Description du processus

L'objectif est de maintenir la disponibilité de connaissances pertinentes acquises par les collaborateurs, actualisées, validées par les équipes ou les chefs de projets et qui sont fiables pour soutenir toutes les activités de processus et faciliter la prise de décision.

En matière de préparation, il s'agit aussi de planifier l'identification, la collecte, l'organisation, le maintien opérationnel, l'utilisation et la mise à jour de toutes les bases de connaissances afin de les partager sur le long terme.

◆ BAI09 : Gérer les actifs

Description du processus

Les ressources informatiques seront gérées tout au long de leur cycle de vie pour s'assurer que leurs utilisations offrent une valeur optimale, qu'elles restent opérationnelles (adaptées à leur usage), mais surtout qu'elles sont enregistrées et protégées physiquement, que les ressources essentielles à la prise en charge sont fiables et que les différents états des actifs sont actualisés (en commande, en maintenance, disponible...).

Ce processus comprend la gestion de toutes les licences et des documentations sur les actifs en place (systèmes d'exploitations, serveurs, routeurs...). Par ailleurs, il est important de s'assurer que la capacité des actifs est suffisante pour garantir la qualité des services et le respect des engagements.

Dans ce cas, le déploiement des actifs est maîtrisé, garanti dans une organisation, pour couvrir tous les cas d'usages professionnels conformes aux attentes des clients. Cette transformation digitale s'assure que les applications installées sont conformes aux accords contractuels en matière de licences.

◆ BAI10 : Gérer la configuration

Description du processus

Le processus BAI10 est en charge de définir, de gérer des descriptions et des relations entre les ressources clés et les capacités adaptées afin de délivrer des services informatiques IT.

Il comprend par exemple la collecte d'informations de configuration, l'établissement de références, la vérification et l'audit des informations de configuration jusqu'à la mise à jour d'un référentiel des configurations (voir tableau 11.3).

Le Tableau 11.4 reprend l'ensemble des pratiques du processus BAI10.

Tableau 11.3 Description du processus BAI10 (source : ISACA)

BAI10 Gérer la configuration	Rattachement : Gestion Domaine : Bâtir, Acquérir et Implémenter
Description du processus Définir et maintenir des descriptions et des relations entre les ressources clés et les capacités requises pour fournir des services informatiques, y compris la collecte d'informations de configuration, l'établissement de lignes de base, la vérification et l'audit des informations de configuration et la mise à jour du référentiel de configuration.	
Énoncé de l'objectif du processus Fournir suffisamment d'informations sur les actifs de service pour permettre une gestion efficace du service, évaluer l'impact des changements et traiter le service relatif aux incidents.	
Objectifs liés aux TI	**Métriques associées**
02. Conformité informatique et soutien à la conformité des entreprises aux lois et règlements externes	• Coût de la non-conformité informatique, y compris les règlements et les pénalités, et impact de la perte de réputation • Nombre de problèmes de non-conformité liés aux TI signalés au Conseil ou suscitant des commentaires publics ou des explications • Nombre de problèmes de non-conformité liés aux accords contractuels avec des fournisseurs de services informatiques • Couverture des évaluations de conformité
11. Optimisation des ressources et des capacités informatiques	• Fréquence des évaluations de la maturité des capacités et de l'optimisation des coûts • Tendance des résultats de l'évaluation • Niveaux de satisfaction des dirigeants d'entreprise et des TI ayant des coûts et des capacités liés aux TI
14. Disponibilité d'informations fiables et utiles pour la prise de décision	• Niveau de satisfaction des utilisateurs professionnels à l'égard de la qualité et de la rapidité (ou de la disponibilité) de l'information de gestion • Nombre d'incidents liés aux processus métiers dus à la non-disponibilité des informations • *Ratio* et ampleur des décisions commerciales erronées, où l'information erronée ou indisponible était un facteur clé
Objectifs du processus	**Métriques associées**
1. Le référentiel de configuration est précis, complet et à jour.	• Nombre d'écarts entre le référentiel de configuration et la configuration en direct • Nombre de divergences relatives à des informations de configuration incomplètes ou manquantes

Tableau 11.4 Description des pratiques de management du processus BAI10 (source : ISACA)

Pratiques de management	Conseil d'Administration	Directeur général	Directeur financier	Président-directeur général	Dirigeant d'entreprises	Propriétaire des processus métiers	Comité exécutif de la stratégie	Comité de pilotage (programmes/projets)	Responsable de la gestion de projet	Responsable de gestion de la valeur	Responsable de la gestion des risques	Chef de la sécurité de l'information	Comité responsable de l'architecture	Comité des risques d'entreprise	Responsable des ressources humaines	Conformité	Audit de vérification	Directeur de l'information	Responsable de l'architecture	Responsable du développement	Directeur des opérations informatiques	Responsable de l'exploitation informatique	Responsable de la gestion de services	Responsable de la sécurité de l'information	Responsable de la continuité des opérations	Responsable de la confidentialité
BAI10.01 Établir et maintenir un modèle de configuration						C											C	C	C	I	A	R	R			
BAI10.02 Établir et maintenir un référentiel de configuration et base de référence																	C	C	C	R	A	R	R			
BAI10.03 Maintenir et contrôler les éléments de configuration																		A	C	R	R	R	C			
BAI10.04 Produire des rapports d'état et de configuration						I											I	I	C	C	A	R	I			
BAI10.05 Vérifier l'intégrité du référentiel de configuration						I											R		R	R	A		R			

Pour le processus BAI10, le référentiel COBIT® 5 recommande l'utilisation d'une norme et d'un référentiel (voir tableau 11.5). La gestion des services informatiques se base sur ISO/IEC 20000 et les bonnes pratiques du référentiel ITIL.

Tableau 11.5 BAI10 : Conseils connexes (source : ISACA)

BAI10 : Conseils connexes	
Référence détaillée	Standard adapté
ISO/IEC 20000	9.1 Gestion de la configuration
ITIL V3 2011	Transition de service, 4.3. Gestion des actifs et des configurations des services

11.3 En résumé

Ce chapitre, centré sur les 10 processus du domaine BAI, s'est attaché à montrer :

► les éléments constitutifs du domaine BAI, la réalisation du SI tant au niveau des programmes et des projets ainsi que des solutions techniques et organisationnelles ;

► la prise en compte de la gestion des exigences ;

► la mise en œuvre des changements ;

► la gestion des actifs et des configurations ;

► la gestion des activités autour des connaissances ;

► la présentation détaillée des processus BAI01 : Gérer les programmes et projets et le processus et BAI10 : Gérer la configuration des infrastructures.

12
Maîtriser le domaine LSS
(Livrer, Servir et Soutenir)

12.1 Présentation

Nous présenterons dans ce chapitre les objectifs principaux du domaine LSS dont la finalité est de **livrer** dans des conditions contractuelles les services et les produits informatiques, mais aussi de **servir** l'ensemble des utilisateurs et des clients, et enfin de **soutenir** dans le temps et en capacité les évolutions et adaptations nécessaires du SI.

12.2 Maîtriser les processus du domaine LSS

Les 6 processus du domaine sont relatifs à la gestion pour livrer et soutenir les métiers de l'entreprise. Nous décrirons :

▶ le positionnement du domaine et des processus ;
▶ la gestion des différents attributs.

12.2.1 Processus du domaine LSS

L'ensemble des 6 processus gère les définitions, la mise en œuvre, l'optimisation des ressources et des risques et les parties prenantes, de LSS01 à LSS06. Les dénominations de ces 6 processus sont les suivantes :

▶ LSS01 : Gérer les opérations ;

▶ LSS02 : Gérer les demandes de service et les incidents ;

▶ LSS03 : Gérer les problèmes ;

▶ LSS04 : Gérer la continuité ;

▶ LSS05 : Gérer les services de sécurité ;

▶ LSS06 : Gérer les contrôles des processus métiers.

On retrouve les processus de la norme ISO/IEC 20000 et le référentiel des bonnes pratiques ITIL.

12.2.2   Liste des attributs

Chaque processus du domaine de gestion LSS comprend un ensemble d'attributs décrits dans le référentiel COBIT® 5.

12.2.3   Modèle générique de processus

Le domaine de la gouvernance LSS compte 6 processus, de LSS01 à LSS06 (voir figure 12.1).

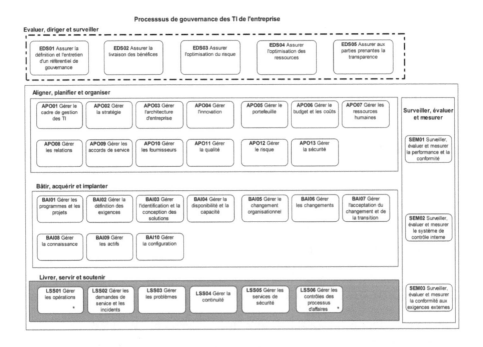

Figure 12.1 Description des 6 processus LSS (source : ISACA)

Ces processus spécifiques définissent la gestion des opérations, l'ensemble des demandes de services et des incidents. Ils garantissent que les problèmes sont analysés et traités dans le cadre des engagements de la continuité avec une série de plans : continuité des métiers, des services, de l'informatique tout en englobant :

► les ressources informatiques ;

► les moyens de financement ;

► le suivi et les justifications des investissements.

12.2.4 Détail des processus LSS

À partir des modèles du référentiel des processus, nous décrirons 2 processus importants : le processus LSS01 : Gérer les opérations et le processus LSS06 : Gérer les contrôles des processus d'affaires.

◆ LSS01 : Gérer les opérations

Les tableaux des processus ont été définis au chapitre 5 (voir tableau 5.1). Le tableau 12.1 détaille le processus LSS01.

Description du processus

Tableau 12.3 Description du processus LSS01 (Source ISACA)

LSS01 Gérer les opérations	Rattachement : Gestion Domaine : Livrer, Servir et Soutenir
Description du processus Définir et gérer des descriptions et des relations entre les ressources clés et les capacités requises pour fournir des services IT, y compris la collecte d'informations de configuration, l'établissement de références, la vérification et l'audit des informations de configuration et la mise à jour du référentiel de configuration.	
Énoncé de l'objectif du processus Fournir les résultats prévus par le service opérationnel informatique.	
Objectifs liés aux TI	**Métriques associées**
04. Gestion des risques liés aux TI	• Pourcentage de processus d'affaires critiques, de services informatiques et de programmes d'affaires reposant sur l'informatique couverts par l'évaluation des risques • Nombre d'incidents informatiques importants non identifiés dans l'évaluation des risques • Pourcentage des évaluations des risques de l'entreprise, y compris les risques informatiques • Fréquence de mise à jour du profil de risque

LSS01 Gérer les opérations	Rattachement : Gestion Domaine : Livrer, Servir et Soutenir
07. Livraison de services informatiques conformes aux besoins de l'entreprise	• Nombre d'interruptions d'activité dues à des incidents de service informatique • Pourcentage des parties prenantes de l'entreprise convaincues que la prestation de services informatiques respecte les niveaux de service convenus • Pourcentage d'utilisateurs satisfaits de la qualité de la prestation de services informatiques
11. Optimisation des ressources et des capacités informatiques	• Fréquence des évaluations de la maturité des capacités et de l'optimisation des coûts • Tendance des résultats de l'évaluation • Niveaux de satisfaction des dirigeants d'entreprise et des TI ayant des coûts et des capacités liés aux TI
Objectifs du processus	**Métriques associées**
1. Les activités opérationnelles sont effectuées selon les besoins et programmées.	• Nombre de procédures opérationnelles non standards exécutées • Nombre d'incidents causés par des problèmes opérationnels
2. Les opérations sont surveillées, mesurées, signalées et corrigées.	• *Ratio* des événements par rapport au nombre d'incidents • Pourcentage de types d'événements opérationnels critiques couverts par des systèmes de détection automatique

Par définition, ce processus consiste à définir et gérer des descriptions et des relations entre les ressources clés et les capacités requises pour fournir des services IT.

L'informatique collecte les informations de configuration, établit des références internes, gère les vérifications et l'audit des informations de configuration ainsi que la mise à jour du ou des référentiels de configuration.

Les pratiques de management associées à ce domaine couvrent plusieurs grandes activités. Il s'agit essentiellement de 5 pratiques, de LSS01.01 à LSS01.05 pour le suivi, les contrôles, la gestion des procédures applicables aux métiers dans l'entreprise (voir tableau 12.4).

Tableau 12.4 Rôles avec le modèle RACI du processus LSS01 (source : ISACA)

Pratiques de management	Conseil d'Administration	Directeur général	Directeur financier	Président-directeur général	Dirigeant d'entreprises	Propriétaire des processus métiers	Comité exécutif de la stratégie	Comité de pilotage (programmes/projets)	Responsable de la gestion de projet	Responsable de gestion de la valeur	Responsable de la gestion des risques	Chef de la sécurité de l'information	Comité responsable de l'architecture	Comité des risques d'entreprise	Responsable des ressources humaines	Conformité	Audit de vérification	Directeur de l'information	Responsable de l'architecture	Responsable du développement	Directeur des opérations informatiques	Responsable de l'exploitation informatique	Responsable de la gestion de services	Responsable de la sécurité de l'information	Responsable de la continuité des opérations	Responsable de la confidentialité
LSS01.01 Effectuer des procédures opération-nelles																					A		C	C	C	
LSS01.02 Gérer les services informatiques externalisés												I							A		R					
LSS01.03 Surveillez l'infrastructure informatique					I	C						I						C	I		C	A		C	C	
LSS01.04 Gérer l'environnement					I						C	A				C	C	C	I		C	R		I	R	I
LSS01.05 Gérer les installations					I						C	A				C	C	C	I		C	R		I	R	I

◆ LSS02 : Gérer les demandes de service et les incidents

Description du processus

Il s'agit de :

► fournir une réponse rapide et efficace aux demandes des utilisateurs et à la résolution de tous les types d'incidents ;

► restaurer le service normal, enregistrer et répondre aux demandes des utilisateurs ;

► enregistrer, enquêter, diagnostiquer, mettre en place des escalades et résoudre les incidents.

Description de l'objectif du processus

Ce processus vise à augmenter la productivité et à minimiser les interruptions grâce à une résolution rapide des requêtes et des incidents des utilisateurs.

◆ LSS03 : Gérer les problèmes

Description du processus

Ce processus consiste à :

▶ identifier et classer les problèmes et leurs causes profondes ;

▶ fournir une résolution rapide pour éviter les incidents récurrents ;

▶ fournir des recommandations pour des améliorations.

Description de l'objectif du processus

Ce processus vise à augmenter la disponibilité, améliorer les niveaux des services, réduire les coûts et améliorer la facilité et la satisfaction des clients en réduisant le nombre de problèmes opérationnels.

◆ LSS04 : Gérer la continuité

Description du processus

Ce processus consiste à établir et maintenir un plan pour permettre à l'entreprise et au service informatique de réagir aux incidents et aux interruptions afin de poursuivre l'exploitation des processus métiers critiques et des services informatiques requis et maintenir la disponibilité des informations à un niveau acceptable pour l'entreprise.

Description de l'objectif du processus

Ce processus vise à poursuivre les opérations critiques et maintenir la disponibilité des informations à un niveau acceptable pour l'entreprise en cas de perturbation significative.

◆ LSS05 : Gérer les services de sécurité

Description du processus

Ce processus consiste à protéger les informations de l'entreprise pour maintenir le niveau de risque de sécurité de l'information acceptable pour l'entreprise conformément à la politique de sécurité. Il contient également les exigences pour établir et maintenir des rôles de sécurité de l'information et des privilèges d'accès et effectuer un contrôle de sécurité.

Description de l'objectif du processus

Ce processus vise à minimiser l'impact commercial des vulnérabilités et des incidents liés à la sécurité des informations opérationnelles.

◆ LSS06 : Gérer les contrôles des processus d'affaires

Description du processus

L'objectif de ce processus est de gérer les processus métiers et de garantir que les services délivrés *via* les engagements des services seront assurés (voir tableau 12.5).

Tableau 12.5 Description du processus LSS06 (source : ISACA)

LSS06 Gérer les contrôles des processus d'affaires	Rattachement : Gestion Domaine : Livrer, Servir et Soutenir
Description du processus Définir et maintenir des contrôles appropriés des processus métiers pour garantir que les informations relatives aux processus métiers internes ou externalisés et traitées par ceux-ci satisfont à toutes les exigences de contrôle des informations pertinentes. Identifier les exigences pertinentes en matière de contrôle de l'information, gérer et opérer des contrôles adéquats pour s'assurer que le traitement de l'information et de l'information satisfait à ces exigences.	
Énoncé de l'objectif du processus Maintenir l'intégrité de l'information et la sécurité des ressources d'information traitées dans les processus d'affaires de l'entreprise ou sous-traitées.	
Objectifs liés aux TI	**Métriques associées**
04. Gestion des risques liés aux TI	• Pourcentage de processus d'affaires critiques, de services informatiques et de programmes d'affaires reposant sur l'informatique couverts par l'évaluation des risques • Nombre d'incidents informatiques significatifs non identifiés dans l'évaluation des risques • Pourcentage des évaluations des risques de l'entreprise, y compris les risques informatiques • Fréquence de mise à jour du profil de risque
07. Livraison de services informatiques conformes aux besoins de l'entreprise	• Nombre d'interruptions d'activité dues à des incidents de service informatique • Pourcentage des parties prenantes de l'entreprise convaincues que la prestation de services informatiques respecte les niveaux de service convenus • Pourcentage d'utilisateurs satisfaits de la qualité de la prestation de services informatiques
Objectifs du processus	**Métriques associées**
1. La couverture et l'efficacité des contrôles clés pour répondre aux exigences opérationnelles pour le traitement de l'information sont terminées.	• Pourcentage de l'inventaire complet des processus critiques et des contrôles clés • Pourcentage de couverture des contrôles clés dans les plans de test • Nombre d'incidents et constatations du rapport d'audit indiquant l'échec des contrôles clés

LSS06 Gérer les contrôles des processus d'affaires	Rattachement : Gestion Domaine : Livrer, Servir et Soutenir
2. L'inventaire des rôles, des responsabilités et des droits d'accès est aligné sur les besoins commerciaux autorisés.	• Pourcentage de rôles de processus métiers avec des droits d'accès et des niveaux d'autorité assurés • Pourcentage des rôles de processus métiers avec séparation claire des tâches • Nombre d'incidents et constatations d'audit lors d'infractions d'accès ou de séparation des tâches
3. Les transactions commerciales sont conservées complètement et comme requis dans les journaux.	• Pourcentage d'exhaustivité du journal des transactions traçables • Nombre d'incidents pour lesquels l'historique des transactions ne peut pas être récupéré

Pour le processus LSS06, aucune référence ni aucune pratique ne sont conseillées (voir tableau 12.6).

Tableau 12.6 LSS06 : Conseils associés (source : ISACA)

LSS06 Conseils associés	
Référence détaillée	Standard associé
–	–

12.3 En résumé

Ce chapitre s'est concentré sur les points suivants :

▶ la cartographie du domaine LSS : Livrer Servir et Soutenir ;

▶ la mise en évidence des objectifs des processus LSS01 à LSS06 ;

▶ le détail des 2 processus LSS01 et LSS06 ;

▶ le corpus des pratiques en relation avec la matrice RACI sur ces 2 processus.

13
Maîtriser le domaine SEM (Surveiller, Évaluer et Mesurer)

13.1 Présentation

Le domaine de gestion SEM (Surveiller, Évaluer et Mesurer) a la charge du suivi des performances obtenues par les SI ainsi que la conformité par rapport aux exigences, mais aussi parmi ses autres activités d'évaluer et de mettre en place des moyens de contrôle des systèmes internes, puis d'en mesurer la conformité en fonction des exigences externes définies au préalable.

13.2 Maîtriser les processus du domaine SEM

Les trois processus de ce domaine sont relatifs à la gouvernance dans l'entreprise. Voici les éléments principaux :

▶ le positionnement du domaine et des processus ;

▶ la présentation des contenus et des liens ;

▶ la liste des attributs.

13.2.1   Processus du domaine SEM

L'ensemble des 3 processus gère les définitions, la mise en œuvre, l'optimisation des ressources et des risques et les parties prenantes, de SEM01 à SEM03. Les dénominations de ces 3 processus sont les suivantes :

▶ SEM01 : Surveiller, Évaluer et Mesurer la performance et la conformité ;

▶ SEM02 : Surveiller, Évaluer et Mesurer le système de contrôle interne ;

▶ SEM03 : Surveiller, Évaluer et Mesurer la conformité aux exigences externes.

13.2.2   Liste des attributs

Chaque processus SEM comprend un ensemble d'attributs décrits dans le référentiel COBIT® 5.

13.2.3   Modèle générique de processus

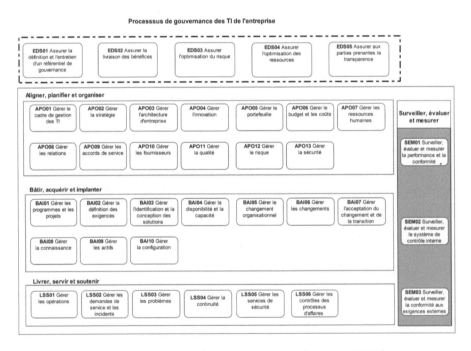

Figure 13.1 Description des 3 processus SEM (source : ISACA)

Le domaine de la gouvernance SEM compte 3 processus : SEM01, SEM02 et SEM03. Ces processus spécifiques vérifient que les actions de conformité, les moyens des contrôles internes et des exigences externes sont mis en œuvre (voir figure 13.1).

13.2.4   Détail des processus SEM

Nous décrirons le processus SEM01 : Surveiller, Évaluer et Mesurer la performance de la conformité.

◆ SEM01 : Surveiller, évaluer et mesurer la performance et la conformité

Les tableaux ont été définis au chapitre 5 (voir tableau 5.1).

Description du processus

Du point de vue dynamique, ce processus va collecter, valider et évaluer la tenue des objectifs et les statistiques globales dans l'entreprise pour l'informatique et les processus qui sont déployés. Il s'agit de surveiller les processus pour qu'ils soient performants par rapport aux performances convenues et aux objectifs de conformité, au moyen de mesures, et de fournir des rapports systématiques et périodiques.

Tableau 13.3 Description du processus SEM01 (source : ISACA)

SEM01 Surveiller, évaluer et mesurer la performance et la conformité	Rattachement : Gestion Domaine : Surveiller, Évaluer et Mesurer
Description du processus Collecter, valider et évaluer les objectifs et statistiques de l'entreprise, de l'informatique et des processus. Surveiller la performance des processus par rapport aux performances convenues et aux objectifs de conformité, au moyen de mesures, et fournir des rapports systématiques et opportuns.	
Énoncé de l'objectif du processus Assurer la transparence des performances et de la conformité et favoriser la réalisation des objectifs.	
Objectifs liés aux TI	**Métriques associées**
04. Gestion des risques liés aux TI	• Pourcentage de processus d'affaires critiques, de services informatiques et de programmes métiers reposant sur l'informatique qui sont couverts par l'évaluation des risques • Nombre d'incidents informatiques significatifs non identifiés dans l'évaluation des risques • Pourcentage des évaluations des risques de l'entreprise, y compris les risques informatiques • Fréquence de mise à jour du profil de risque

SEM01 Surveiller, évaluer et mesurer la performance et la conformité	Rattachement : Gestion Domaine : Surveiller, Évaluer et Mesurer
07. Livraison de services informatiques conformes aux besoins de l'entreprise	• Nombre d'interruptions d'activité dues à des incidents de service informatique • Pourcentage d'intervenants commerciaux satisfaits de la prestation de services de TI niveaux de services convenus • Pourcentage d'utilisateurs satisfaits de la qualité de la prestation de services informatiques
11. Optimisation des ressources et des capacités informatiques	• Fréquence des évaluations de la maturité des capacités et de l'optimisation des coûts • Tendance des résultats de l'évaluation • Niveaux de satisfaction des dirigeants d'entreprise et des TI ayant des coûts et des capacités liés aux TI
15. Conformité informatique avec les politiques internes	• Nombre d'incidents liés à la non-conformité à la politique interne • Pourcentage d'acteurs qui comprennent les politiques • Pourcentage de politiques soutenues par des normes et des pratiques de travail efficaces • Fréquence de révision et de mise à jour des politiques
Objectifs du processus	**Métriques associées**
1. Les objectifs et les paramètres sont approuvés par les parties prenantes.	• Pourcentage d'objectifs et de mesures approuvés par les parties prenantes
2. Les processus sont mesurés en fonction d'objectifs et de paramètres convenus.	• Pourcentage de processus avec des objectifs et des statistiques définis
3. L'approche de suivi, l'évaluation et l'information de l'entreprise sont efficaces et opérationnelles.	• Pourcentage de processus avec l'efficacité des objectifs et des métriques examinées et améliorées
4. Les objectifs et les mesures sont intégrés dans les systèmes de surveillance de l'entreprise.	• Pourcentage d'objectifs et de mesures alignés sur le système de surveillance de l'entreprise
5. La génération de rapports sur les performances et la conformité est utile et opportune.	• Pourcentage de rapports de performance livrés conformément aux prévisions

Tableau 13.3b Rôles avec le modèle RACI du processus SEM01 (source : ISACA)

Pratiques de management	Conseil d'Administration	Directeur général	Directeur financier	Président-directeur général	Dirigeant d'entreprises	Propriétaire des processus métiers	Comité exécutif de la stratégie	Comité de pilotage (programmes/projets)	Responsable de la gestion de projet	Responsable de gestion de la valeur	Responsable de la gestion des risques	Chef de la sécurité de l'information	Comité responsable de l'architecture	Comité des risques d'entreprise	Responsable des ressources humaines	Conformité	Audit de vérification	Directeur de l'information	Responsable de l'architecture	Responsable du développement	Directeur des opérations informatiques	Responsable de l'exploitation informatique	Responsable de la gestion de services	Responsable de la sécurité de l'information	Responsable de la continuité des opérations	Responsable de la confidentialité
SEM01.01 Établir une approche de surveillance	A	R	R	R	I	C		I								C	C	C	R	I	C	C	I	C	I	I
SEM01.02 Définir des objectifs de performance et de conformité	I	I	I	A	R			I								C	C	C	R	R	R	I	R	I	I	I
SEM01.03 Recueillir et traiter les données de performance et de conformité				C	R			I								C		A	R	R	I	R	I	I	I	I
SEM01.04 Analyser et rapporter les performances				A	R			C						C	C	C	C	C	R	R	R	C	R	C	C	C
SEM01.05 Assurer la mise en place d'actions correctives	I	I	I	I	C	R		C						C	C	C	A	C	R	R	R	C	R	C	C	C

◆ SEM02 : Surveiller, évaluer et mesurer le système de contrôle interne

Description du processus

Ce processus surveille et évalue en permanence l'environnement de contrôle qui est mis en place, y compris les autoévaluations et les examens des sociétés d'assurance qui sont habilitées et entièrement indépendantes.

Il garantit pour la Direction :

▶ d'identifier les insuffisances et les inefficacités lors des contrôles puis de lancer des actions d'amélioration conseillées ;

▶ en matière de référentiel, de planifier, d'organiser et de maintenir les normes et les bonnes pratiques lors des activités d'évaluation et d'assurance qualité au cours des contrôles internes.

Description de l'objectif du processus

L'objectif de ce processus est de garantir la transparence pour les parties intéressées les plus importantes sur la concordance du système de contrôle interne.

Trois conditions doivent être remplies pour assurer la fiabilité dans les opérations d'évaluation : la confiance dans la réalisation des objectifs de l'entreprise ; une compréhension appropriée du ou des risques résiduels ; la capacité d'intervenir sur les applications, les données et les infrastructures existantes du SI.

◆ SEM03 : Surveiller, évaluer et mesurer la conformité aux exigences externes

Description du processus

Ce processus évalue la conformité des transformations informatiques et des processus métiers supportés par les TI avec les lois, autorisations, règlements et exigences contractuelles. Il s'agit d'obtenir l'assurance que les exigences ont été identifiées et respectées. Notons enfin la nécessité d'intégrer la conformité informatique en concordance avec la conformité globale prévue par l'entreprise.

Description de l'objectif du processus

La surveillance, l'évaluation et la conformité seront centrées sur un objectif : celui de s'assurer que l'entreprise est conforme à toutes les exigences connues externes applicables.

13.3 En résumé

Ce chapitre a présenté :

▶ le contexte opérationnel du domaine de gestion SEM : Surveiller, Évaluer et Mesurer ;

► le contexte de conformité des processus SEM01, SEM02 et SEM03 ;

► le détail du processus SEM01 : Surveiller, Évaluer et Mesurer la performance et la conformité ;

► les 5 pratiques du processus SEM01 : Surveiller, Évaluer et Mesurer la performance et apporter les preuves de la conformité globale du SI.

14
Mise en œuvre COBIT® 5 : cas FORCE1

14.1 Contexte de l'entreprise

Nous avons parcouru, dans l'ensemble des chapitres, le contexte global et la description des processus et de leurs niveaux d'activités en relation avec les acteurs concernés. Le référentiel COBIT®5 décrit l'ensemble des 5 domaines, les 37 processus, les pratiques opérationnelles et leurs relations d'interdépendance.

Il faut rappeler que COBIT®5 gère l'ensemble des découpages entre processus de gouvernance et processus de gestion.

Dans cet atelier de mise en pratique, nous allons examiner le cas d'une entreprise appartenant au groupe FORCE1. Ce groupe s'engage dans une démarche de gouvernance concernant ses infrastructures et ses ressources. Ses activités sont le négoce des produits alimentaires (riz, pâtes, épices et aromates, flocons, céréales) sur le marché mondial des céréaliers.

Son chiffre d'affaires augmente régulièrement depuis sa création : depuis six ans, il affiche une croissance soutenue de plus de 7 % par an. Les bénéfices annuels après impôts sont compris entre 4 et 6 % du CA. Le taux de croissance moyen se fixe autour de 15 % en nombre de nouveaux collaborateurs.

Dans cette démarche de gouvernance pérenne, il faudra considérer la taille de l'entreprise, les différents modes d'organisation, les axes d'approches retenus pour initialiser la démarche COBIT® 5 en allant du général vers le particulier.

14.1.1   Définir les 4 objectifs de FORCE1

Le slogan de la Direction générale est : « Développer une nouvelle capacité orientée vers les affaires ».

En ce qui concerne la tactique, le choix des objectifs et du périmètre organisationnel est une vraie question dont les éléments de réponse pourront évoluer en considérant les implications de la Direction générale et des cadres ainsi que les parties intéressées.

Nous allons définir l'ensemble des objectifs de la Direction générale en accord avec les actionnaires principaux au cours d'un *show* de présentation des résultats annuels de réalisés dans l'entreprise qui a défini un ensemble pondéré d'objectifs équilibrés pour le futur SI à l'horizon 2019.

Ceux-ci doivent correspondre et couvrir l'ensemble des activités et des niveaux ayant des responsabilités avec le soutien de la Direction générale.

Avec la première étape de lancement de la nouvelle stratégie, il s'agira d'analyser de manière macroscopique, de développer et déployer les potentiels de valeurs ajoutées. Puis, dans un second temps, il conviendra de mettre en œuvre une gouvernance efficace et efficiente.

Des présentations synthétiques de la stratégie autour de COBIT® 5 ont été effectuées par la Direction générale, pour commencer les actions de sensibilisation dans certains des centres avec différentes **équipes réunies** par pays lors de séminaires de gouvernance.

◆ Missions de la gouvernance FORCE1

La structuration de la mission couvre la mission de la gouvernance d'entreprise avec plusieurs aspects : la gestion de la sécurité, du conseil interne et la mise en œuvre de la politique de l'entreprise, la prise en compte des processus COBIT® 5. On y intègre la constitution des équipes pérennes par pays et grand domaine, la gestion des ressources informatiques, la traçabilité de plusieurs plans d'action définis lors de la préparation en coordination avec les responsables fonctionnels des métiers et les experts techniques.

◆ Objectifs stratégiques

Les objectifs stratégiques ont été choisis par la Direction générale en fonction des contraintes et des nouvelles opportunités des principaux clients importants, des parties intéressées et des acheteurs rattachés aux objectifs stratégiques *high level*.

Ils accompagneront l'ensemble de la vision définie par la Direction générale et les actionnaires pour engager les actions progressivement sur un pas de temps 2018-2020.

Progressivement, les nouvelles missions seront définies, adaptées et proposées dans l'ensemble de l'entreprise ainsi que dans le groupe, suivant un échéancier préparé.

◆ Objectifs opérationnels

Les études prospectives montrent d'importantes possibilités en termes de recherche et d'atteinte d' efficacité et d'efficience en matière de ressources utilisées par les projets et les programmes. En effet, les engagements sont portés par les structures concernées, par exemple la Direction des centres, la Direction des ressources humaines, la Direction qualité, la Direction juridique, la gestion des moyens, la logistique des centres, soit au total 6 structures impliquées directement ou indirectement.

◆ Objectifs décisionnels et de *reporting*

Ces objectifs permettront de garantir, pour les clients et les métiers relatifs, la fiabilité des processus de *reporting* au sens large du terme, quel que soit le type d'information – financière ou non financière, interne ou externe – nécessaire.

◆ Objectifs de conformité

Le traitement des écarts identifiés par la Direction consiste à prendre en compte l'ensemble de nouvelles réglementations en vigueur tant à l'international que sur le territoire européen.

La structure organisationnelle spécifique de l'entreprise a été redéfinie et adaptée autour du référentiel COBIT®5, ainsi que les fonctions et activités liées aux contrôles pour capitaliser mais aussi les actions régulières pour gérer avec efficacité les nouvelles responsabilités qui en résultent.

L'ensemble de la structure impliquée sur FORCE1 est réparti sur 6 grands niveaux couvrant le périmètre du groupe (voir figure 14.1).

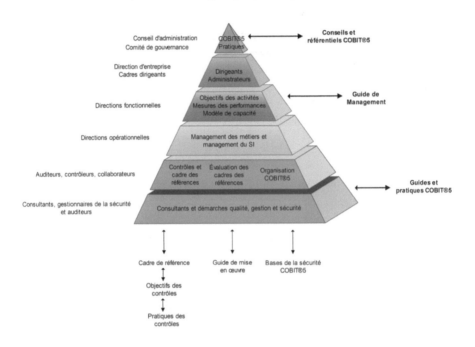

Figure 14.1 Répartition des niveaux impliqués dans la démarche COBIT® 5

14.2 Quelles démarches mettre en œuvre?

Il est nécessaire à ce stade d'avoir une définition complète des objectifs à mettre en œuvre département par département. Chaque année, l'ensemble des stratégies et des acteurs doit être revu et réorienté en fonction des résultats économiques suivant une logique d'amélioration continue qui suit la démarche d'*Improvement Kata* et de l'amélioration continue du PDCA (*Plan-Do-Check-Act*).

14.2.1 Les points forts de FORCE1

Les ressources propres qui seront nécessaires sur ce projet devront être définies dans l'ensemble de l'entreprise au niveau de chaque Direction fonctionnelle et opérationnelle sans entraîner de surcoût interne de plus de 5 %.

◆ **Plusieurs points forts**

▶ Se faire accompagner (consultants, formateurs et animateurs, relais internes et externes, etc.) ;

▶ Dédier certaines ressources internes qui disposeront d'un haut niveau de responsabilité comme facilitateurs ;

▶ Confier la coordination et toutes les étapes autour de COBIT® 5 au service assurance qualité interne avec des actions de support et de formation des organismes de formation dans le cadre d'un scénario validé ;

▶ Communiquer sur différents médias, en permanence et tout au long du projet, d'abord en interne dans des structures relais, auprès du personnel et des collaborateurs, puis auprès des parties intéressées et des structures d'actionnariat.

14.3 Outils disponibles

L'engagement consiste à mettre en place auprès des équipes et des intervenants un référentiel interne adapté en 2 grandes parties, avec plusieurs guides d'accompagnement, un ensemble préparé des documents de travail, des formulaires prédéfinis dans la nouvelle organisation orientée par les actions de gouvernance.

14.3.1 Documentation de base

Le mode de management des processus est décrit dans le guide de management suivant les principes proposés par la démarche COBIT® 5 grâce à une GED (Gestion électronique des documents) du groupe[34]. Il propose une gestion des processus pour répondre aux objectifs assignés, aux exigences fixées, en tenant compte du niveau de contrôle de l'information.

Ces guides comprennent un ensemble de définitions.

Voici plusieurs éléments de différents guides en anglais ou dans d'autres langues :

▶ *Implementation Tool* : sensibilisation au référentiel COBIT® 5 ;

----

34   Voir le guide de management *COBIT's Management Guidelines*.

▶ le site officiel ISACA :

▼ *Control objectives* : contrôles par processus,

▼ *Management Guidelines* : *Balanced Scorecard*,

▼ *Audit Guidelines* : évaluation COBIT® 5,

▼ *COBIT® 5 Future Supporting Products* :

> *Practice Guides : COBIT® 5 for Information Security,*

> *COBIT® 5 for Assurance,*

> *COBIT® 5 for Risk.*

14.3.2 Documentation spécifique

▶ *Enabler Guides : COBIT® 5 Enabling Information ;*

▶ *COBIT® 5 Online Replacement ;*

▶ *COBIT® 5 Assessment Programme : Process Assessment Model (PAM) : Using COBIT® 5 ;*

▶ *Assessor Guide : Using COBIT® 5 ;*

▶ *Self-assessment Guide : Using COBIT® 5.*

14.3.3 Quels sont les acteurs ?

Au sein de l'entreprise FORCE1, plusieurs acteurs sont directement impliqués dans ce programme COBIT® 5. Les modes de fonctionnement et les résultats attendus concernent la Direction générale de l'entreprise et du groupe, les Directions métiers, la DSI et les auditeurs pour toutes les missions.

Direction générale

Le référentiel COBIT® 5 s'applique aux comités de direction et de pilotage, aux Directions métiers, à la DSI, grâce à des experts systèmes et bases de données pour le patrimoine informatique et aux auditeurs.

Le tableau 14.1 résume les fonctions assurées dans le référentiel[35] COBIT® 5 par les parties impliquées dans les processus et les pratiques de gouvernance et de gestion.

....

35 Un référentiel peut être considéré comme un ensemble de règles de fonctionnement qui traduit la volonté de la Direction et un cadre pour atteindre les objectifs. Ce référentiel offre aussi un cadre pour gérer le *business model* et le *business plan* de l'entreprise.

Tableau 14.1 Matrice entre les métiers et les référentiels

Comités de direction	Directions métiers	Direction des systèmes d'information	Auditeurs
Définir les procédures de gouvernance de l'informatique	Respecter les procédures de gouvernance de l'informatique	Respect des procédures de gouvernance de l'informatique	Garantir l'application des procédures de gouvernance de l'informatique
S'aligner stratégiquement	Définir les besoins des développements métiers	Fournir des services nécessaires aux développements métiers	Contrôler des services nécessaires aux développements métiers
Maîtriser les risques	Garantir la maîtrise des risques	Maîtriser les risques informatiques en accord avec les plans de gestion des risques de l'entreprise	Assurer la maîtrise des risques informatiques en accord avec les plans de gestion des risques de l'entreprise
Contribuer à la production de valeur	Garantir la contribution à la production de valeur	Contribuer à la production de la valeur	Vérifier périodiquement la mise en œuvre opérationnelle

Directions métiers

Les Directions métiers et les propriétaires des processus fonctionnels du côté des métiers disposent de l'ensemble des éléments permettant d'avoir des garanties sur la sécurité et les contrôles des services fournis par les IT, qu'ils soient fournis en interne ou par des prestataires extérieurs ou des sous-traitants en régie ou en TMA (Tierce maintenance applicative). Les Directions opérationnelles interviennent dans le domaine des pratiques indiquées par COBIT® 5, généralement acceptées, pour les aider à équilibrer les investissements en moyens de contrôle face aux risques et à remplir leurs obligations contractuelles en cours auprès des parties intéressées de l'entreprise « *IT governance* ».

DSI

L'ensemble de la DSI est concerné sur plusieurs aspects avec des interrogations, notamment sur la mise en place des contrôles, le suivi des activités concernées :

▶ Comment choisir le système d'information cible le mieux adapté qui s'intègre dans l'organisation ?

▶ Comment mettre en place ce système d'information plus simple face aux études et moyens utilisés lors des tests et ses mises en production ?

► Comment vérifier la conformité des mises en place et leurs correspondances par rapport aux objectifs attendus ?

► Comment vérifier périodiquement le système d'information ? Correspond-il toujours aux besoins, surtout en termes de synchronisation par rapport aux évolutions des organisations internes et/ou externes des clients et des parties intéressées ?

Les auditeurs

Les auditeurs sont notamment concernés au plan des constats d'audits pour justifier leurs appréciations lors des réunions d'évaluation et apporter des recommandations aux Directions qui sont auditées lors de contrôles internes sur les IT.

14.3.4 État des lieux

Il en résulte un état des lieux initial, en coordination avec la Direction générale, pour un point sur les opérations conduites, notamment les points forts, mais aussi un constat des principaux points faibles relevés.

Parmi les points faibles, on peut citer :

► des documentations, procédures, suivis et indicateurs moyennement, peu ou mal formalisés ;

► un manque de consignes, des difficultés de prise en main lors de l'arrivée d'un nouveau collaborateur ;

► une mauvaise image du SI auprès des utilisateurs, sans que les raisons en soient bien déterminées.

14.3.5 Planifier la démarche gouvernance du SI pour COBIT® 5

Il s'agit de structurer la démarche autour d'un comité de gouvernance qui définit les orientations de macroséquence avec la mise en œuvre dans le cadre d'un plan pluriannuel.

♦ Comité de gouvernance

La structure du comité (entreprise, financier, SI, production...) dépend de sa composition (actionnaire, opérationnel, fonctionnel, manager...) et des équipes en place. Elle va refléter les enjeux de pouvoir.

À partir de cela, plusieurs modes d'organisation sont possibles, depuis un comité représentatif de toutes les tendances où va s'exercer la prise de décision jusqu'à des comités spécifiques plus ou moins consensuels, où c'est le comité qui propose des séquences temporelles ou le président du comité de gouvernance qui prend la décision.

Dans ce comité de gouvernance, les participants sont élus.

L'organisation du comité de gouvernance reflète à ce niveau les règles du pouvoir, les modes de décision dans le fonctionnement de l'entreprise, puis les niveaux sous-jacents.

À noter aussi des fonctions complémentaires pour le développement des compétences en conseil et de l'ingénierie informatique autour de solutions décisionnelles et de planification de la gouvernance.

✍ Exemple

Voici un exemple de mission rattachée au directeur d'un pôle gouvernance. Ses rôles consisteront à :

> assurer le développement commercial de l'activité ainsi que le support avant-vente, réseau, séminaires, etc. ;

> intervenir sur des missions de conseil : pilotage opérationnel et financier, suivi des fournisseurs ;

> intervenir sur des missions d'intégration : mise en œuvre de solution de planification ;

> assurer un rôle de maîtrise d'œuvre principale pour la DSI dans le cadre des projets et des programmes informatiques sur les solutions d'architectures de services et d'urbanisation et les plateformes multi-sites.

Les interlocuteurs seront principalement les Directions financières, le contrôle de gestion, les Directions générales et la DSI, les Conseils d'Administration ainsi que des profils spécifiques en fonction des besoins.

◆ Les 5 étapes de déploiement

Pour conduire la démarche du référentiel, on distinguera 5 grandes phases, de la phase 0 à la phase 4 (voir figure 14.2).

Figure 14.2 Phasage de la démarche COBIT® 5

◆ Les phases du projet COBIT® 5

Phase 0

Il s'agit de définir les principaux processus qui seront dans le champ de la gouvernance et qui contiennent des informations (activités, indicateurs, rôles et responsabilités, valeur ajoutée, risques, investissements, communication) pour identifier leurs fonctionnements dans le cadre de COBIT® 5.

Phase 1

La DSI et les Directions métiers sont chargées de suivre les processus sélectionnés pour contrôler les principes importants en matière de gouvernance, à savoir :

▶ le suivi de chaque processus ;

▶ la prise en compte des besoins des métiers et des clients et/ou parties intéressées ;

▶ l'analyse régulière des écarts constatés ;

▶ le contrôle de l'ensemble des actions, des séquences et la compilation des résultats dans les conditions des niveaux des services et des investissements.

Phase 2

Dans cette phase, nous pouvons envisager de préparer avec les équipes lors de réunions du comité de gouvernance les éléments d'amélioration (processus, guides, procédures, documents, conseils...) pour réévaluer afin d'identifier les améliorations potentielles notamment en termes de qualité (satisfaction, gouvernance et gestion). Le point important est l'efficacité en relation avec les principes de la roue de Deming.

Phase 3

L'objectif principal de cette phase 3 est de définir entre le comité de gouvernance et la Direction générale les opportunités et les priorités à engager pour mettre en œuvre un ensemble d'actions d'amélioration continue, puis les évolutions retenues dans les processus considérés. Il s'agira bien sûr de prendre en compte après examen toutes les modifications concernant l'environnement et les infrastructures informatiques.

Phase 4

La transition ayant été réalisée lors de la phase 3, la phase 4 fournit des moyens de contrôle et des tests. Lors des audits à blanc, en fonction des résultats, des plans d'action seront initialisés.

◆ Ensemble des documents livrés

Pour répondre aux exigences en matière de livraisons, en interne dans un premier temps puis en fonctionnement, on identifiera les documents livrés (voir tableau 14.2).

Tableau 14.2 Documents ou livrables à produire

	Titre	Description	Livrables	Phase
Étape 0	Sélection des processus	Élaboration et mise en application des stratégies de sélection de 4 processus parmi les 34 disponibles	4 processus sélectionnés	Phase 0
Étape 1	Compatibilité avec COBIT® 5 QuickStart	Réalisation des 2 deux tests de compatibilité de COBIT® 5 QuickStart dans le contexte avec les consultants	Utilisation de COBIT® 5 QuickStart validée	Phase 1
Étape 2	Évaluation de l'état courant	Audit des pratiques actuelles de l'entreprise sur les processus COBIT® 5 retenus	Performance actuelle des 4 processus sélectionnés	Phase 1
Étape 3	Détermination des objectifs	Détermination des nouveaux objectifs à atteindre avec la Direction	Performance cible des 4 processus sélectionnés	Phase 1
Étape 4	Analyse des écarts	Détermination des pratiques manquantes attendues par COBIT® 5 et permettant l'atteinte des objectifs	Pratiques à mettre en place	Phase 1
Étape 5	Projets d'améliorations	Définition et ordonnancement des projets permettant de mettre en place les pratiques manquantes. Ils peuvent ou non être rattachés à différents processus	Projets d'améliorations définis (charges, délais, conception technique et organisationnelle)	Phase 2
Étape 6	Réalisation des améliorations	Mise en œuvre des projets conformément aux priorités retenues	Les projets	Phase 3
Étape 7	Contrôle et actions	Contrôle de l'atteinte des objectifs et mise en place des plans d'action corrective et d'améliorations	Les plans d'action	Phase 4

◆ **Adopter 5 étapes d'amélioration continue**

Dans l'amélioration continue, on déterminera une démarche systématique, depuis les processus en évaluation jusqu'aux résultats. Deux logiques sont à prendre en compte : soit la logique *top-down*, soit la logique *bottom-up*, chacune avec ses avantages et les ressources nécessaires (voir figure 14.3).

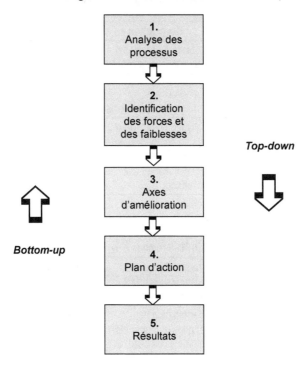

Figure 14.3 Démarche d'amélioration continue COBIT® 5

14.4 Mise en place des contrôles internes

À partir des ensembles de structures, une série de contrôles internes seront déployés pour suivre les processus choisis, avec comme objectif de déterminer les niveaux de capacité et de conformité atteints.

14.4.1 Maturation du contrôle interne

Le contrôle interne est une transformation évolutive liée à l'avancement des entretiens avec les collaborateurs, mais aussi une évolution de culture.

L'avancement doit être remis en cause en permanence pour valider sa capacité à s'adapter au nouveau fonctionnement de l'entreprise.

14.4.2 La courbe de vie du contrôle interne

Au fur et à mesure des étapes, il est important de suivre l'évolution des actions menées en termes de maîtrise des risques, de coordination de leurs résultats dans le temps. À titre d'exemple, la figure 14.4 présente la courbe d'évolution des contrôles internes avec les états successifs dans FORCE1.

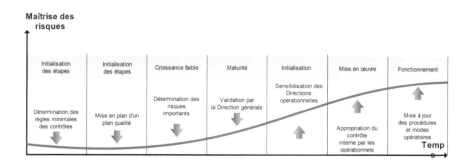

Figure 14.4 Évolution des contrôles internes

14.5 Audits internes

14.5.1 Intérêt de l'audit COBIT® 5

L'audit commence par une série de données, résultats des observations. Il s'agit de :

▶ mesurer ce qui donne lieu à des insatisfactions au niveau des utilisateurs ;

▶ identifier et prioriser les processus COBIT® 5 à traiter pour chacun des domaines qui sont dans le périmètre : Planification et Organisation, Acquisition et Installation, Support et Mise en place, Surveillance ;

▶ concevoir des rapports d'analyse sur les points forts et les points faibles, identifier ce qu'il faut travailler pour améliorer le SI ;

▶ élaborer un plan d'audit pour l'organisation. Ce plan doit être fondé sur les risques. C'est l'une des principales attributions du responsable de l'audit interne, qui est aussi l'une de ses missions les plus délicates.

14.5.2   Enclencher une démarche pluriannuelle

Dans ce cadre formalisé de la Direction générale, il convient d'identifier et de suivre la démarche définie sur un plan à 5 ans ou de plusieurs plans pluriannuels ; on propose les éléments suivants :

▶ l'identification d'un plan d'action pluriannuel et la vérification du cadrage avec le schéma directeur de l'entreprise ou en cohérence avec les objectifs du groupe ;

▶ la planification et l'organisation d'ateliers de réflexions sur des pistes d'amélioration ;

▶ la définition des éléments du budget, du *reporting* et des moyens de contrôle disponibles ;

▶ la révision annuelle en période de définition du budget (17/12/2019) pour les dépenses de fonctionnement et d'investissement du SI l'année suivante.

14.5.3   Organisation et planification de la démarche

Il s'agit de mettre en œuvre la gouvernance SI *via* COBIT® 5. La question se pose : Comment démarrer ?

◆ Initialiser la démarche

En relation avec la Direction générale et sur la base d'un programme d'amélioration continue, plusieurs points doivent être passés en revue. Dans ce cas, des questions préalables doivent être posées par rapport aux changements attendus :

▶ Comment choisir le système d'information le mieux adapté à l'organisation ?

▶ Comment mettre en place ce système d'information ?

▶ Comment vérifier que ce qui a été mis en place correspond à ce qui était attendu ?

▶ Comment vérifier périodiquement que le système d'information correspond toujours aux besoins, étant donné qu'évidemment, l'organisation évolue ?

◆ État des lieux

En commençant par la Direction, et à partir de réunions de prise de connaissance en coordination avec les interrogations de la DSI sur plusieurs aspects, les responsables établissent l'état des lieux :

▶ des documentations, procédures, suivis des indicateurs peu ou mal formalisés ;

▶ des types et recherches de manque de consignes, difficultés de prise en main lors de l'arrivée d'un nouveau collaborateur ;

▶ de la mauvaise image du SI auprès des utilisateurs, sans savoir argumenter sur le pourquoi des projets.

◆ Réalisation des audits avec COBIT® 5

On se proposera de mettre en avant la démarche COBIT® 5 en fonction des besoins de l'entreprise et en s'appuyant sur des exemples préparés, à savoir :

▶ la mesure de ce qui donne lieu à des insatisfactions du côté des utilisateurs ;

▶ l'identification et la priorisation des processus COBIT® 5 à traiter pour chacun des domaines : planification, suivi et organisation nécessaire ;

▶ l'acquisition/installation, le support/mise en place, la surveillance ;

▶ le rapport d'analyse sur les points forts et les points faibles ;

▶ l'identification des points à prendre en compte en fonction des axes d'amélioration et des dysfonctionnements constatés, des écarts constatés sur les plans d'action. On mettra en place une logique PDCA pour améliorer le SI.

◆ Enclencher une démarche répétitive

On commencera par identifier un ou des plans d'action en cohérence avec le cadrage et le schéma directeur ou plan pluriannuel des changements décidés par la Direction générale, à travers :

▶ la planification et l'organisation d'ateliers de réflexions sur des pistes d'amélioration ;

▶ la définition du budget annuel, du mode de *reporting* et des moyens de contrôle ;

▶ la révision annuelle lors de la définition du budget de fonctionnement et d'investissement sur le SI 03/12/2018 l'année suivante, de $n + 1$ à $n + 3$.

14.6 Mettre en place des questionnaires

On reprendra lors des audits les pratiques des processus. Par exemple, le processus P010 : « Gérer les programmes et les projets » comprend 14 pratiques de gestion, dont la 8e : « PO10.08 : Planifier les projets ».

On doit établir et maintenir un plan de projet intégré formel et approuvé (couvrant les ressources des unités d'affaires et des techniques informatiques) pour guider la réalisation et les contrôles des projets. Les projets qui sont positionnés sur cette trajectoire seront gérés par le portefeuille des projets. La portée des projets devrait être clairement définie et en lien avec l'établissement ou l'amélioration des capacités d'affaires auprès des métiers.

Les gestionnaires ont en charge des activités de gouvernance et de gestion du SI. Ils mènent les actions COBIT® 5 suivantes :

▶ Comment identifier les processus faibles et réaliser une évaluation ?

▶ DS4 : Assurer la continuité des services (Plan de secours) ;

▶ Établir des questionnaires pour les collaborateurs qui seront audités.

14.6.1 Exemple de questionnaire

▶ Avez-vous établi quelque chose qui définit les rôles, les responsabilités, la méthode de gestion des risques à adopter, les règles et les structures pour documenter le Plan de secours et le PRA ?

▶ Avez-vous un guide d'utilisation du Plan de secours ?

▶ Avez-vous un moyen de revenir en arrière si vous avez rencontré un incident grave ou majeur dans votre SI (recharger une image binaire informatique avec un exemple) ?

▶ Avez-vous des procédures de sauvegarde pour vous garantir de reconstruire tout ou partie du SI dans le cycle des activités informatiques IT ?

▶ Avez-vous des procédures de contrôle de changement pour s'assurer de la mise à jour du Plan de secours ?

▶ Afin d'avoir un Plan de Secours efficace, avez-vous écrit et défini des procédures de tests du plan de reprise d'activités et du PCA (Plan de continuité d'activité) ?

▶ Réalisez-vous des simulations régulières en suivant les procédures définies pour lutter efficacement contre des incidents ou des situations de crise ?

14.6.2 Évaluation de l'audit interne

À l'issue des entretiens d'audit, pour chaque réponse l'auditeur qualifie le contenu suivant la cotation de la pondération, par exemple :

▶ « Non applicable ou non géré par la partie interviewée » : pondération 0 point ;

▶ « Rien n'est défini sur le point abordé (non applicable) » : pondération 0 point ;

▶ « Quelques éléments partiels ou des sous-entendus mais rien de formalisé » : pondération 0,3 point ;

▶ « La demande est formalisée mais non assimilée/maîtrisée » : pondération 0,7 point ;

▶ « La demande est formalisée et assimilée par les acteurs » : pondération 1 point.

Ensuite, les auditeurs calculent les moyennes de chaque processus audité et les résultats obtenus.

14.7 En résumé

L'approche proposée pour initialiser et déployer COBIT® 5, compte tenu des éléments de l'exemple de la société FORCE1, consiste à :

▶ préparer la définition d'une *roadmap* sur les objectifs attendus par l'entreprise ;

▶ assurer la mise à disposition des ressources spécifiques : documents, conseils, expertises, formation ;

▶ en coordination avec la Direction générale, identifier les pratiques dans les domaines de la gestion et de la gouvernance ;

▶ impliquer dans la conduite du changement tous les acteurs en fonction de leurs niveaux respectifs de responsabilité (voir la matrice RACI des processus). Une matrice des rôles, des activités et des métiers est à définir ;

▶ planifier les étapes d'audits, puis présenter les résultats à la Direction générale et aux Directions métiers et fonctionnelles lors des réunions centrales de restitution et des résultats des analyses.

Conclusion

Éléments clés de la gouvernance COBIT® 5

Le référentiel COBIT®5 est un des éléments essentiels de la stratégie dont l'objectif est d'augmenter la performance du SI et donc de l'entreprise dans sa globalité. Les démarches de gouvernance rejoignent les courants *corporate,* qui sont essentiels pour la maîtrise de l'ensemble des niveaux de l'entreprise. L'organisation qui s'engage vers la gouvernance opérationnelle commence par mettre en œuvre les processus pour améliorer la gestion de ses activités et leurs suivis dans ses systèmes d'information.

La gestion globale des systèmes d'information (ressources et infrastructures) est un élément vital pour garantir la cohérence d'ensemble et la maîtrise des évolutions. Nous avons traité des rôles de la Direction générale qui décide des étapes d'amélioration de la performance et se rapproche des métiers et de toutes les parties prenantes, utilisateurs inclus.

L'intérêt est de maîtriser, dans des contextes internationaux, les cadres légaux et réglementaires du SI grâce aux pratiques de gouvernance, mais aussi d'accompagner la gestion financière des programmes en coordination auprès des projets présents et futurs. Il s'agit de mettre en œuvre, sur la base d'indicateurs caractéristiques, des objectifs de suivis (CSF, ICP), dans le but de coordonner les différentes ressources intervenantes. La mise en œuvre d'une transformation permet de s'adapter à la pression croissante des marchés et de la concurrence en matière d'information financière (sur les 4 niveaux d'intervention, voir figure C.1).

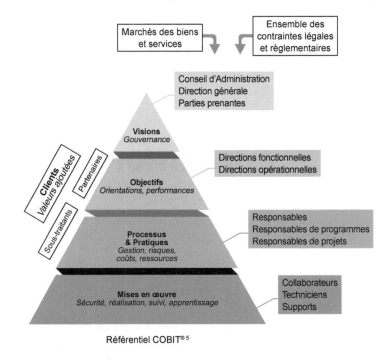

Figure C.1 Périmètre de COBIT® 5 pour les entreprises

La mise en œuvre du référentiel de gouvernance et de gestion couvre la gestion des risques et sécurités, les coûts et le respect des engagements de rentabilité, de l'évolution des infrastructures jusqu'à la création des valeurs (VA, ROCE…), les infrastructures informatiques pour les clients, les opérationnels et gestionnaires dans l'entreprise, les utilisateurs des ressources, les métiers et les partenaires.

L'idéal est de conduire un plan qui impliquera les équipes autour de la construction des leviers basée sur des pratiques génériques de COBIT® 5. Ce sont les principaux éléments à mettre en application avec les parties prenantes, la définition précise des objectifs, le cycle de vie et l'adoption des bonnes pratiques.

Les activités autour de la gouvernance couvrent une perspective générale avec les projets d'entreprise vers la certification. Comment prendre en compte les différents niveaux des responsabilités ?

COBIT®5 apporte des avantages concurrentiels spécifiques grâce aux stratégies d'évolution des SI existants, des services, des applications, des données et des informations au travers des portefeuilles de services. Il présente un corpus pour satisfaire les besoins des clients en nouvelles solutions grâce à l'IT. Ces différents points forts seront les leviers agiles impliqués dans le cadre des contrôles réglementaires, à savoir :

► les principes, politiques et cadres ;

► les objectifs génériques ;

► les processus ;

► les responsabilités ;

► les structures organisationnelles ;

► la culture, l'éthique et le comportement ;

► la gestion des informations et des données, des sécurités et des risques ;

► les services, les infrastructures, les architectures d'entreprise, du SI et les applications, l'ensemble des données ;

► les collaborateurs (compétences et collaborations).

COBIT®5 apporte des outils complémentaires de management de la qualité qui doivent être intégrés dans la construction du nouveau système d'entreprise. Ils seront partagés, compris et utilisés à tous niveaux dans les entreprises. Ce qui devrait en retour inciter celles-ci à les généraliser comme de nouvelles bonnes pratiques de management à l'intérieur des équipes.

Des changements culturels

Le référentiel COBIT®5 est un élément majeur de la stratégie d'entreprise qui augmente globalement le niveau de performance du SI, donc de l'entreprise.

Sa mise en œuvre couvre la gestion de la sécurité, la gestion des coûts et de la rentabilité, l'évolution des infrastructures, la création de la valeur ajoutée pour les clients et les parties intéressées.

Il faut citer la mise à disposition d'outils, de guides, de démarches communes dans les applications et données jusqu'aux informations, aux architectures techniques ou fonctionnelles du futur SI avec ses services à venir disponibles, son portefeuille de services et de projets.

Direction d'entreprise

La Direction de l'entreprise est impliquée dans ces enjeux car, par nature, cette fonction est centrée sur le pilotage stratégique de l'entreprise qui doit intégrer la logique de gouvernance en fonction de la structure existante. Elle intègre dans sa réflexion la politique générale du développement de l'entreprise dans une chaîne globale de valeurs qui doit rendre des comptes aux actionnaires, au Conseil d'Administration, aux tutelles et aux structures de gestion et d'organisation ou de pilotage qui sont en amont.

La gouvernance déclenche des dynamiques de développement de solutions performantes. Pour cela, seules des actions d'amélioration permettent l'évolution des SI avec l'ensemble des acteurs impliqués et/ou impactés, dans un mouvement *top-down* mais aussi *bottom-up*.

Actionnaires

Le monde des actionnaires fait partie du triangle décisionnel. On peut citer le Conseil d'Administration ou un groupe supérieur, la Direction d'entreprise, les actionnaires ou les investisseurs. Ces acteurs coexistent dans la conduite des intérêts des entreprises. Ils sont impliqués comme les parties intéressées afin d'assurer une coordination entre toutes les composantes de l'entreprise. La gouvernance des actionnaires s'intègre avec les raisonnements spécifiques, les décisions stratégiques qui concernent les niveaux hiérarchiques.

De ce fait, la forme de gouvernance est traduite par des contrôles financiers ou structurels, mais aussi de gestion, avec une tendance à évoluer vers des orientations environnementales ou économiques et/ou sociales (OCDE, ONG, Cac 40, ONU, UE, et autres zones économiques et accords internationaux).

Responsables ou directeurs fonctionnels

De ce point de vue, les responsables, en fonction de leurs rôles fonctionnels ou opérationnels dans leurs structures, doivent réadapter dans la gouvernance leurs stratégies d'actions en fonction des enjeux et des opportunités de pouvoir. La mise en œuvre de COBIT®5 doit s'intégrer dans les logiques d'évolution pour garantir la maîtrise des zones d'incertitude[36].

....

36 B.G. Glaser, A. Strauss, *The Discovery of Grounded Theory : Strategies for Qualitative Research*, Aldine-Athestor, 1967.

Direction des systèmes d'information

La démarche du DSI consistera à faire progresser globalement l'efficacité des différents métiers dans l'entreprise en créant des circuits courts, entre le SI et l'ensemble de l'entreprise IT. Dans une logique orientée vers les processus opérationnels (prises de décision, évaluations, outils, changements, adaptations), et en évitant des effets *big bang*, COBIT®5 apporte des réponses et des solutions sur les périmètres fonctionnels et techniques, dans une dynamique de coordination générale de la mise en œuvre.

Clients

Les modèles de capacité et des processus, les indicateurs proposés et l'ensemble des principes permettent à l'entreprise de se situer dans une perspective d'amélioration continue des services dans l'entreprise et de la maîtrise des projets d'évolution.

Utilisateurs

Du point de vue des utilisateurs, mais aussi indirectement des métiers, un des leviers majeurs parmi les actions proposées tient à la création de valeurs. Pour cela, on prendra en compte ce paramètre lors de l'étude et des vérifications au cours de la mise en place de nouveaux produits et des applicatifs plus adaptés aux contraintes internes et externes (ergonomie, performance, disponibilité, conformité, interface...).

Annexes

Annexe 1. Liste des processus de la démarche de gouvernance COBIT® 5

Évaluer, Diriger et Surveiller

▶ EDS01 : Assurer la définition et l'entretien d'un référentiel de gouvernance

▶ EDS02 : Assurer la livraison des bénéfices

▶ EDS03 : Assurer l'optimisation du risque

▶ EDS04 : Assurer l'optimisation des ressources

▶ EDS05 : Assurer aux parties prenantes la transparence

Aligner, Planifier et Organiser

▶ APO01 : Gérer le cadre de gestion des TI

▶ APO02 : Gérer la stratégie

▶ APO03 : Gérer l'architecture d'entreprise

▶ APO04 : Gérer l'innovation

▶ APO05 : Gérer le portefeuille

▶ APO06 : Gérer le budget et les coûts

▶ APO07 : Gérer les ressources humaines

- ▶ APO08 : Gérer les relations
- ▶ APO09 : Gérer les accords de service
- ▶ APO10 : Gérer les fournisseurs
- ▶ APO11 : Gérer la qualité
- ▶ APO12 : Gérer le risque
- ▶ APO13 : Gérer la sécurité

Bâtir, Acquérir et Implanter

- ▶ BAI01 : Gérer les programmes et les projets
- ▶ BAI02 : Gérer la définition des exigences
- ▶ BAI03 : Gérer l'identification et la conception des solutions
- ▶ BAI04 : Gérer la disponibilité et la capacité
- ▶ BAI05 : Gérer le changement organisationnel
- ▶ BAI06 : Gérer les changements
- ▶ BAI07 : Gérer l'acceptation du changement et de la transition
- ▶ BAI08 : Gérer la connaissance
- ▶ BAI09 : Gérer les actifs
- ▶ BAI10 : Gérer la configuration

Livrer, Servir et Soutenir

- ▶ LSS01 : Gérer les opérations
- ▶ LSS02 : Gérer les demandes de service et les incidents
- ▶ LSS03 : Gérer les problèmes
- ▶ LSS04 : Gérer la continuité
- ▶ LSS05 : Gérer les services de sécurité
- ▶ LSS06 : Gérer les contrôles des processus d'affaires
- ▶ LSS07 : Gérer les services de sécurité

Surveiller, Évaluer et Mesurer

- ▶ SEM01 : Surveiller, évaluer et mesurer la performance et la conformité
- ▶ SEM02 : Surveiller, évaluer et mesurer le système de contrôle interne
- ▶ SEM03 : Surveiller, évaluer et mesurer la conformité aux exigences externes

Annexe 2. Liste des processus de la démarche qualité COBIT4.1

La répartition des processus (dénomination, libellé) est établie suivant 4 catégories : Planification et Organisation, Acquisition et Mise en place, Distribution et Support, Surveillance.

Planification et Organisation

▶ PO1 : Définir un plan informatique stratégique

▶ PO2 : Définir l'architecture de l'information

▶ PO3 : Déterminer l'orientation technologique

▶ PO4 : Définir l'organisation et les relations de travail

▶ PO5 : Gérer l'investissement informatique

▶ PO6 : Faire connaître les buts et les orientations du management

▶ PO7 : Gérer les ressources humaines

▶ PO8 : Être conforme aux exigences externes

▶ PO9 : Évaluer les risques

▶ PO10 : Gérer les projets

▶ PO11 : Gérer la qualité

Acquisition et Mise en Place

▶ AMP1 : Trouver des solutions informatiques

▶ AMP2 : Acquérir des applications et en assurer la maintenance

▶ AMP3 : Acquérir une infrastructure et en assurer la maintenance

▶ AMP4 : Développer les procédures et en assurer la maintenance

▶ AMP5 : Installer les systèmes et les valider

▶ AMP6 : Gérer les changements

Distribution et Support

▶ DS1 : Définir et gérer des niveaux de service

▶ DS2 : Gérer des services tiers

▶ DS3 : Gérer la performance et la capacité

▶ DS4 : Assurer un service continu

▶ DS5 : Assurer la sécurité des systèmes

- ▶ DS6 : Identifier et imputer les coûts
- ▶ DS7 : Instruire et former les utilisateurs
- ▶ DS8 : Assister et conseiller les clients
- ▶ DS9 : Gérer la configuration
- ▶ DS10 : Gérer les problèmes et les incidents
- ▶ DS11 : Gérer les données
- ▶ DS12 : Gérer les installations
- ▶ DS13 : Gérer l'exploitation

Surveillance

- ▶ S1 : Surveiller les processus
- ▶ S2 : Évaluer l'adéquation du contrôle interne
- ▶ S3 : Acquérir une assurance indépendante
- ▶ S4 : Disposer d'un audit indépendant

Annexe 3. Indicateurs clés d'objectifs de la démarche COBIT® 5

- ▶ Amélioration de la gestion des performances et des coûts
- ▶ Amélioration du retour sur les investissements informatiques majeurs
- ▶ Réduction des délais de mise sur le marché
- ▶ Amélioration de la gestion de la qualité, de l'innovation et des risques
- ▶ Prospection de nouveaux clients et satisfaction de la clientèle existante
- ▶ Amélioration de la disponibilité de la bande passante, de la puissance de traitement et des mécanismes de fournitures de services informatiques
- ▶ Exigences et attentes du client par les processus dans le respect des délais et des coûts
- ▶ Respect des lois, des règlements, des standards professionnels et des engagements contractuels
- ▶ Transparence dans la prise de risque et respect du cadre convenu de profil de risque de l'entreprise
- ▶ Tests comparatifs appliqués à la maturité de la gouvernance des traitements d'information
- ▶ Création de nouveaux canaux de distribution de services

Annexe 4. Sommaire de la norme ISO/IEC 38500

ISO/IEC 38500:2015 Technologies de l'information – Gouvernance des technologies de l'information par l'entreprise

Avant-propos

Introduction

1 CHAMP D'APPLICATION

2 TERMES ET DÉFINITIONS

3 AVANTAGES D'UNE BONNE GOUVERNANCE DES TECHNOLOGIES DE L'INFORMATION PAR L'ENTREPRISE

4 PRINCIPES ET MODÈLE DE BONNE GOUVERNANCE DES TECHNOLOGIES DE L'INFORMATION PAR L'ENTREPRISE

    4.1 Principes

    4.2 Modèle

5 GUIDE POUR LA GOUVERNANCE DES TECHNOLOGIES DE L'INFORMATION PAR L'ENTREPRISE

    5.1 Généralités

    5.2 Principe 1 : Responsabilité

    5.3 Principe 2 : Stratégie

    5.4 Principe 3 : Acquisition

    5.5 Principe 4 : Performances

    5.6 Principe 5 : Conformité

    5.7 Principe 6 : Comportement humain

Bibliographie

Bibliographie

Sur COBIT® 5

COBIT Management Guidelines, ISACA, New York, juin 2000

COBIT v3 en 6 fascicules et CD-ROM, réf : 6536GT, ISACA, New York, 2005

ISO 27001:2005, *Information Security Management Systems – Requirements*, 2005

La Lettre d'ADELI n° 43, avril 2001

Carlier Alphonse. *Manuel d'assurance qualité pour les systèmes d'information*, Hermès Lavoisier, septembre 2009

Généralités

Wirtz Peter. *Les meilleures pratiques de gouvernance d'entreprise*, Éditions La Découverte, Paris, 2008

Carlier Alphonse. *Manuel d'assurance qualité pour les systèmes d'information*, Hermès Lavoisier, septembre 2009

Solow Robert. "A Contribution to the Theory of Economic Growth", in *Quarterly Journal of Economics*, vol. 70, n° 1, 1956, p. 65–94

Solow Robert M. "Peut-on recourir à la politique budgétaire? Est-ce souhaitable?", *in Revue de l'OFCE*, vol. 83, n°1, août 2002

Solow Robert M. *Growth Theory : An Exposition,* Oxford University Press, 2000

Sur le CMMI

Basque Richard. *Un itinéraire fléché vers le CMMI,* Dunod, 2006

Basque Richard. *CMMI 1.2 L'aide-mémoire : Les domaines de processus du CMMI-DEV (Poche),* Dunod, 2008

Basque Richard. *CMMI 1.3 Guide complet de CMMI-DEV et traduction de toutes les pratiques CMMI-ACQ et CMMI-SVC*, Dunod, 2011

Chrissis Mary Beth, Broekman Bart, Shrum Sandy. *CMMI : Guidelines for Process Integration and Product Improvement,* Addison Wesley, 2003

Chrissis Mary Beth, Konrad Mike, Shrum Sandy. *CMMI : guide des bonnes pratiques pour l'amélioration des processus*, Pearson Education, 2008

Constantinidis Yves. *Expression des besoins pour le système d'information*, Eyrolles

Dufay François. *CMMI par l'exemple. Pour une mise en place opérationnelle*, Eyrolles, 2010

Fontaine Alexandre. *Introduction au CMMI* (ronéo)

Site du SEI : www.sei.cmu.edu/cmmi/models/model-componentsword.html

Sur le CMMI (en français) : http://groups.yahoo.com/group/cmmi_en_francais/

Trehin Yves. *Modèles CMMI version 1.3*, Éditions ENI, 2011

Sur la gestion de projet

Cayatte Ramez. *Communiquer et convaincre dans un projet*, Eyrolles, 2008

Lecomte Séverine, Adary Assaël. *L'ISO 26000 en pratique*, Dunod, 2012

Maisonneuve Jean. *La psychologie sociale*, Presses universitaires de France, 2013

Mongin Pierre, Garcia Luis. *Organisez vos projets avec le Mind Mapping*, Dunod, 2014

Stal-Le Cardinal Julie, Giordano Jean-Louis, Turré Gilles. *Les retours d'expérience du projet – Réduire les risques, augmenter les performances collectives*, AFNOR Éditions, 2014

Winter Michel. *Gestion de projet en SSII*, Ellipses, 2013

Sur le management et les SI

Azan Wilfrid, « Chapitre I : Introduction », in Azan Wilfrid, Meysonnier François, Van der Ghinst Pierre, Salvestrin J.-M., Bollecker Marc. *Système de pilotage et performance*, Éditions ESKA, 2007, p. 11-53

Bartoli Jacques-André, Le Moigne Jean-Louis. *Organisation intelligente et systèmes d'Information stratégique*, Economica, 1996

Basili Victor. *Using Measurement to Build Core Competencies in Software*, Data and Analysis Center for Software, 2005

Besson Bernard, Possin Jean-Claude. *L'audit d'intelligence économique – Mettre en place et optimiser un dispositif coordonné d'intelligence collective*, Dunod, 2002

Bouchet Michel Henry, Guilhon le Fraper du Hellen Alice. *Intelligence économique et gestion des risques*, Pearson Education, 2007

Carlier Alphonse, *Piloter les évolutions des SI*, Lavoisier, 2011

Delbecque Éric, Pautrat Rémy. *L'intelligence économique – Une nouvelle culture pour un nouveau monde*, Presses universitaires de France, 2006

Dudezert Aurélie, Boughzala Imed. *Vers le KM 2.0 – Quel management des connaissances imaginer pour faire face aux défis futurs*, Vuibert, 2008

Fernandez Alain. *Les nouveaux tableaux de bord des managers – Le projet décisionnel dans sa totalité*, Eyrolles, 2008

Metzger Jean-Paul. *Le partage des savoirs*, L'Harmattan, 2004

Bibliographie normative sur l'intelligence économique/veille

FD X50-185 (mars 2004) – Outils de management – Management de l'information

FD X50-052 (mai 2011) – Management de l'innovation – Management de l'intelligence stratégique

XP X50-053 (avril 1998) – Prestations de veille – Prestations de veille et prestations de mise en place d'un système de veille

La révision de ces documents est prévue ainsi que celle de l'accord (annulé) **AC X50-194** – Outil de management de l'information stratégique (pas de visibilité sur le délai).

Knowledge management

FD X50-190 (septembre 2000) – Outils de management – Capitalisation d'expérience

FD X50-183 (juillet 2002) – Outils de management – Ressources humaines dans un système de management de la qualité – Management des compétences

FD X50-146 (décembre 2010) – Management de l'innovation – Management de la propriété intellectuelle

Records management et gestion des documents d'activité

NF ISO 15489-1 (avril 2002) – Information et documentation – « Records management » – Partie 1 : principes directeurs

FD ISO/TR 15489-2 (mars 2002) – Information et documentation – « Records management » – Partie 2 : guide pratique

NF ISO 30300 (décembre 2011) – Information et documentation – Systèmes de gestion des documents d'activité – Principes essentiels et vocabulaire

NF ISO 30301 (décembre 2011) – Information et documentation – Système de gestion des documents d'activité – Exigences

Sitographie

www.balancedscorecard.org

www.bsigroup.com/

www.cigref.fr

www.coso.org

www.guideinformatique.com/fiche-lsf_loi_de_securite_financiere-455.html

www.ifa-asso.com/

www.ifaci.com

www.isaca.org

http://m.isaca.org/Knowledge-Center/Val-IT-IT-Value-Delivery-/Documents/Val-IT-Framework-2.0-Extract-Jul-2008.pdf

www.iso.org/fr/iso-9001-quality-management.html

www.kelformation.com/formation ?keyword=gouvernance&training_location=

https://legalblogs.findlaw.com/

www.loreal-finance.com/fr

www.oecd.org/home/0,2987,en_2649_201185_1_1_1_1_1,00.html

www.qaiglobalinstitute.com/

www.sei.cmu.edu/cmmi/

www.solvay.edu/executive-programme-it-management

Sigles et abréviations

AFAI   Association française de l'audit et du conseil informatiques

APO   Aligner, Planifier et Organiser

BAI   Bâtir, Acquérir et Implémenter

BMIS   *Business Model for Information Security*

BSC   *Balanced ScoreCard* (voir TBP)

CCSSI   Comité de coordination de la sécurité du système d'information

CEI   Commission électrotechnique internationale

CGEIT   *Certified in the Governance of Enterprise IT*

CIGREF   Club informatique des grandes entreprises françaises

CLUSIF   Club de la sécurité de l'information français

CMM   *Capability Maturity Model*

CMMI   *Capability Maturity Model Intregrated*

COBIT   *Control Objectives for Information and related Technology*

COSO   *Committee of Sponsoring Organizations of the Treadway Commission*

CSF   *Critical Success Factor*

DMZ   *Demilitarized Zone*

DOD   *Department Of Defense*

DSI Directeur/Direction des systèmes d'information

EDS Évaluer, Diriger et Surveiller

FCS Facteurs clés de succès

FEROS Fiche d'expression rationnelle des objectifs de sécurité

ICO Indicateurs clés d'objectifs

ICP Indicateurs clés de performance

IFACI Institut français des auditeurs et contrôleurs internes

IFRS *International Financial Reporting Standards*

ISACA *Information System Audit and Control Association*

ISO *International Organization for Standardization*

IT *Information Technology*

ITIL *Information Technology Infrastructure Library*

LAN *Local Area Network*

LSS Livrer, Servir et Soutenir

MÉHARI Méthode harmonisée d'analyse des risques

M_o_R *Management of Risk*

NAS *National Aerospace*

NIMS *NAS Infrastructure Management System*

OCTAVE *Operationally Critical Threat, Asset, and Vulnerability Evaluation*

PCA Plan de continuité d'activité

PCES Planifier, Contrôler, Évaluer, Surveiller

PRA Plan de reprise d'activité

PS Plan de secours

PSSI Plan de sécurité du système informatique

RACI *Responsible, Accountable, Consulted, Informed*

REACH *Registration, Evaluation, Authorization and restriction of Chemicals*

RSSI Responsable de la sécurité des systèmes d'information

SMART Spécifiques, Mesurables, Acceptables, Réalistes, Temporels

SMSI   *Système de management de la sécurité de l'information*

SMTP   *Simple Mail Transfer Protocole*

SSI   *Sécurité des systèmes d'information*

SoA   *Statement of Applicability*

TBP   Tableau de bord prospectif

Imprimé en France - JOUVE, 1, rue du Docteur Sauvé, 53100 MAYENNE
N° 2831808D - Dépôt légal : janvier 2019